WILHELM IMKAMP

Moment mal!

DURCH DIE BIBEL GESAGT

WILHELM IMKAMP

Moment mal!

DURCH DIE BIBEL
GESAGT

SANKT
ULRICH
VERLAG
GmbH

Bibliographische Information Der Deutschen Bibliothek

Die Deutsche Bibliothek verzeichnet diese Publikation in der Deutschen Nationalbibliographie; detaillierte bibliographische Daten sind im Internet über http://dnb.ddb.de abrufbar.

Umschlaggestaltung: UV Werbung,
Mediengruppe Sankt Ulrich Verlag, Augsburg
Titelbild: Annette Zoepf
Druck und Bindung: GGP Media, Pößneck
Printed in Germany
ISBN 3-936484-19-8
www.sankt-ulrich-verlag.de

Inhalt

MariaVesperbild

Grüß Gott!

Herzlichen Glückwunsch! Trotz des Titelbildes haben Sie dieses Buch in die Hand genommen und sind bis zu diesen Zeilen vorgedrungen, obwohl uns allen der erhobene „moralische Zeigefinger“ sofort Abneigung, mindestens aber Unbehagen einflößt!
Der erhobene „moralische Zeigefinger“ ist einfach „out“. In der Beliebtheitsskala rangiert er sicherlich noch weit hinter dem berühmten „Stinkefinger“. Warum also dieser Finger gerade auf einem Titelbild, das doch zum Kauf dieses Büchleins ermutigen soll?
Ganz einfach: Der Finger ist nicht der erhobene „moralische Zeigefinger“; es ist ein Finger, der um Gehör bittet. Wir alle haben in unserer Jugend, egal wie lange sie zurückliegt, in der Schule so aufgezeigt und uns gemeldet, wenn wir etwas zu sagen hatten. In den Parlamenten, wenn es dort gesittet zugeht, geschieht es ähnlich. Mit Handzeichen, mit dem Zeigefinger, meldet man sich. So meldet sich auch der Verfasser dieses Büchleins, er ist (hoffentlich) kein „schlimmer Finger“.

Alle Texte sind im mittelschwäbischen Wallfahrtsort Maria Vesperbild unter dem Gnadenbild entstanden. Und im Gnadenbild sehen wir tatsächlich einen besonderen Finger: den Finger Jesu. Nach der Kreuzabnahme liegt Jesus in den Armen seiner Mutter. Seine rechte Hand fällt herunter, und der gespreizte Zeigefinger der rechten Hand deutet auf den Tabernakel, deutet auf den Priester, der am Altar steht und das heilige Opfer darbringt. So wird aus unserem marianischen Gnadenbild auch ein eucharistisches Gnadenbild.

Der Finger des Titelbildes ist nicht der erhobene „moralische Zeigefinger“, er ist der Finger der nach oben weist. Er ist der Finger, der um Gehör bittet: Moment mal, laßt mich etwas sagen! Der Finger Jesu im Gnadenbild deutet auf den Tabernakel hin und ist ein Wegweiser. Der Finger des Predigers ist der Finger, der um Gehör bittet.

Kirchentürme nennt man häufig die Fingerzeige Gottes in der Landschaft. Der Kirchturm von Maria Vesperbild ist, wie die ganze Wallfahrt, ein Fingerzeig Gottes in und für unsere Zeit. Um so schöner, daß dieser Fingerzeig Gottes, keine halbe Autostunde von Maria Vesperbild entfernt, maßstabsgerecht im „LEGO-Land Deutschland“ (Günzburg) nachgebaut wurde.

Dort kommen Millionen Menschen an diesem Fingerzeig Gottes vorbei. Sie blicken darauf und ganz viele wünschen sich, das Original zu sehen. Und dann kommen sie hierhin zur Gottesmutter, sehen auf den Finger Jesu, und viele folgen diesem Fingerzeig.

Alle Texte sind erstmals in der Katholischen Sonntags*Zeitung*, einer kirchlichen Wochenzeitung, die mit einer Gesamtauflage von 100.000 mittlerweile in ganz Deutschland präsent ist, veröffentlicht worden.

Sie haben nichts an ihrer Aktualität verloren, jeden Text würde ich heute wieder so schreiben. In der Regel ist der Einstieg eines jeden Textes im Alltag des heutigen Menschen verortet. Daher wenden sich diese Texte auch und gerade an diejenigen, die vielleicht nicht mehr jeden Sonntag zur Kirche gehen, an Menschen, die ein wenig in Distanz zum Glauben und zur Glaubenspraxis leben, und an Menschen, die glaubens- und kirchenverdrossen sind.

Die Texte sind der Schmerzhaften Gottesmutter von Maria Vesperbild und allen Priestern und Laien, die an diesem Gnadenort Dienst tun, sowie allen Pilgern in tiefer Dankbarkeit gewidmet.

Dank gebührt auch dem Sankt Ulrich Verlag und seinem Lektor, Herrn Michael Widmann,

die die Drucklegung dieses Büchleins so professionell und geduldig betreut haben.
Der erhobene Finger bittet um Ihr Gehör: Der Finger auf der Kanzel, kein „schlimmer Finger", kein „Stinkefinger", kein „moralischer Zeigefinger", sondern die schlichte Bitte um Ihr Gehör, bzw. Ihre Lektüre.

Maria Vesperbild am Gedächtnistag der Schmerzen Mariens 2003

Wilhelm Imkamp
Wallfahrtspriester von Maria Vesperbild

Wachverfehlungen und Termingeschäfte

Mk 13,33–37

In jener Zeit sprach Jesus zu seinen Jüngern: Seht euch vor, und bleibt wach! Denn ihr wißt nicht, wann die Zeit da ist. Es ist wie mit einem Mann, der sein Haus verließ, um auf Reisen zu gehen: Er übertrug alle Verantwortung seinen Dienern, jedem eine bestimmte Aufgabe; dem Türhüter befahl er, wachsam zu sein.
Seid also wachsam! Denn ihr wißt nicht, wann der Hausherr kommt, ob am Abend oder um Mitternacht, ob beim Hahnenschrei oder erst am Morgen. Er soll euch, wenn er plötzlich kommt, nicht schlafend antreffen.
Was ich aber euch sage, das sage ich allen: Seid wachsam!

Ganz sicherlich gehört das „Wehrstrafgesetz" nicht unbedingt zu den christlichen Erbauungsschriften. Aber es faßt einen Begriff des heutigen Tagesevangeliums präzise: die „Wachverfehlung" (WStG, § 44). Die dazugehörige „Zentrale Dienstvorschrift" erklärt „den Wachdienst in der Bundeswehr" detailliert (ZDv, 10/6).

Die Worte Jesu, die wir heute am ersten Advent hören, sind im Markusevangelium die letzten Worte des Herrn vor der Leidensgeschichte. Die große Reise des Hausherrn steht also unmittelbar bevor, aber er läßt sein Haus wohlgeordnet zurück.

Der in der Exkommunikation verstorbene „Vater des katholischen Modernismus“, Alfred Loisy (1857–1940), hat spöttisch gemeint: „Jesus verkündigte das Reich Gottes, aber gekommen ist die Kirche.“ Nicht nur das heutige Evangelium zeigt, daß Jesus sehr wohl eine sehr konkrete Kirche gegründet hat. Ein jeder Diener bekommt vom Hausherrn die Vollmacht zu einer bestimmten Aufgabe. Der Türhüter wird dabei ganz besonders hervorgehoben, er soll vor allem wachsam sein.

Das bedeutet: Alle Dienste in der Kirche müssen sich immer daran messen lassen, ob sie den Herrn tatsächlich erwarten und zur Erwartung auf ihn hinführen. Oder sind die Diener mit sich selbst, ihren Organisationen und Strukturen beschäftigt? Wie sieht es mit dem Türhüter aus, macht er sich mehr Gedanken über die gefälligere Gestaltung der Tür als über den, auf den er doch an der Tür warten soll?

Das Reich Gottes beginnt in und mit der Kirche, die von Jesus Christus gegründet ist. Aber er hat sie nicht zur Beschäftigung mit sich selbst gegründet, sondern sie soll in der Erwartung seiner Wiederkunft auf die Fülle des Reiches Gottes hin leben und hinführen.

Die heutigen Worte des Herrn sind aber nicht nur an seine Jünger gerichtet, sondern an alle (Mk 13,37). Es gibt keinen festen Termin für die Wiederkunft des Herrn, er läßt sich nicht berechnen.

Die vier Nachtwachen erinnern vielleicht nicht zufällig an die vier Lebensalter: das Kind, der Jugendliche, der Erwachsene und auch der alte Mensch können in jedem Moment vor das Angesicht des Herrn gerufen werden. Ein erfahrener Seelsorger hat deshalb in einer Besinnung zum heutigen Evangelium ganz schlicht gefragt: „Lebe ich so, daß ich Christus jederzeit gegenübertreten könnte?“

In keinem Lebensalter dürfen wir „schlafen“, dabei kann der „Schlaf“ viele Formen annehmen. Gerade in der Vorweihnachtszeit zum Beispiel den Konsumrausch, aber auch die „Flucht in die künstlichen Paradiese der Droge“ (Eugen Drewermann)! Also, nicht nur die Amtsträger, sondern jeder Getaufte sollte auf der Hut sein vor Wachverfehlungen, die ihn außerstande setzen, seinen Dienst zu versehen oder ihn gar einen Posten räumen lassen (vgl. WStG, § 44).

Die Wiederkunft des Herrn hat keinen festen Termin. Es gibt also mit Gott keine Termingeschäfte. Wer sein Leben auf den Handel mit „Futures" aufbaut, der verspielt die ewige Zukunft. Der Glaube an die Wiederkunft des Herrn ist kein Termingeschäft, und Wachverfehlungen gibt es in jedem Leben. Der Advent sollte für uns Zeit der Besinnung sein, zum Beispiel über Wachverfehlungen und Termingeschäfte in unserem Alltag.

Depression und Heilswort

Jer 33,14–16

Seht, es werden Tage kommen – Spruch des Herrn –, da erfülle ich das Heilswort, das ich über das Haus Israel und über das Haus Juda gesprochen habe.
In jenen Tagen und zu jener Zeit werde ich für David einen gerechten Sproß aufsprießen lassen. Er wird für Recht und Gerechtigkeit sorgen im Land. In jenen Tagen wird Juda gerettet werden. Jerusalem kann in Sicherheit wohnen. Man wird ihm den Namen geben: Jahwe ist unsere Gerechtigkeit.

Die Statistiken zeigen es deutlich, die Psychiater leben davon, und auch die Pharmaindustrie muß nicht um ihre Umsätze bangen: Depressionen sind zur Volkskrankheit geworden. Besonders die moderne Literatur erscheint häufig als zur Sprache geronnene Depression. Der irische Nobelpreisträger Samuel Beckett ist dafür das wohl bekannteste Beispiel, vor allem mit seinem berühmten Drama „Warten auf Godot“ (1953), dessen Dialog mit den Worten „Nichts zu machen“ beginnt. Hier bleibt alles in der Schwebe zwischen dem „Unbestimmten“

und dem „Nirgendwohin“. Verstärkt erscheint diese Tendenz noch in „Le depeupleur“ (1966 bzw. 1970). Dieser Prosatext wurde zu Recht als „ein furchtbares Buch, eines der grauenhaftesten der modernen Literatur“ (Marianne Kesting) bezeichnet. Becketts großer Erfolg hat einen letzten Grund darin, daß er das Lebensgefühl vieler Menschen von heute, deren Leben im „Horizont der Sinnlosigkeit“, im Gefühl der „Ewigkeit des Nichts“ abläuft, zum Ausdruck gebracht hat.
In dieses Lebensgefühl hinein spricht nun die erste Lesung des heutigen Sonntags. Die Lesung bietet das Wort des Herrn, näherhin ein „Heilswort“. Dieses „Heilswort“ ist zuerst in die Zeit des sechsten Jahrhunderts vor Christus gesprochen: die ersten Juden waren endlich aus dem Exil zurückgekehrt – das Cyrus-Edikt von 538 v. Chr. hatte es ermöglicht – aber sie scheiterten, oder wenigstens meinten sie zu scheitern. Die Wirklichkeit erschien so ganz anders, als ihnen im Exil an den Flüssen Babylons gesungen worden war. Hoffnungen zerplatzten wie Seifenblasen: etwa die, die sich an den politischen Unruhen nach dem Selbstmord des persischen Großkönigs Kambyses II. entzündet hatten, oder die Hoffnungen, die an die Person des letzten Davididen Serubabel geknüpft waren. In diese depressive Stimmung erfolgt das „Heilswort“ aus unse-

rer Lesung. Dieses Wort ist so wichtig, daß es gleich zweimal beim Propheten Jeremias auftaucht (vgl. Jer 23,5–6). Es ist in erster Linie ein Wort der Treue. Gott steht zu dem Versprechen, das er seinem Priester Nathan gegeben hat (vgl. 2 Sam 7,8–16). Dieses Versprechen zielt auf den Erlöser aus dem Geschlechte Davids, der als Garant von Sicherheit und Gerechtigkeit vorgestellt wird. Treue, Sicherheit und Gerechtigkeit, das sind die Werte, die das Heilswort vermitteln will. Weil Gott treu ist und bleibt, dürfen wir hoffen. Hoffnung gründet in der Treue Gottes und in unserem Vertrauen in diese Treue!
Die Depression der aus dem Exil zurückgekehrten Juden hatte ihren Grund darin, daß ihnen der lange Atem der Hoffnung fehlte: Hoffnung ist eben nicht politisches Kalkül. Überall, wo die göttliche Tugend der Hoffnung durch das „Prinzip Hoffnung“ ersetzt wird, da fehlt dieser lange Atem, das ewige Heil nämlich ist der letzte Horizont unserer Hoffnung. Jenes ewige Heil, das in Menschwerdung, Kreuz und Auferstehung Jesu Christi schon angefangen hat. Gott ist treu, er steht zu seinem Wort, der Messias – hier noch angekündigt – ist schon gekommen, Sicherheit und Gerechtigkeit sind gewaltige Antidepressiva ohne Risiken und Nebenwirkungen. Der Advent ist nicht die Zeit für Winterdepressionen, son-

dern die Zeit der Hoffnung und des Vertrauens, denn Gott ist treu, und deswegen ist kein Leben sinnlos. Im Glauben wissen wir, woher wir kommen und wohin wir gehen. Unser Leben sollte daher ein Leben im Horizont der Ewigkeit der jubelnden Hoffnung auf die angekündigte Wiederkehr unseres Herrn Jesus Christus sein.

Unser tägliches Bibliodrama

Lk 1,26–38

In jener Zeit wurde der Engel Gabriel von Gott in eine Stadt in Galiläa namens Nazareth zu einer Jungfrau gesandt. Sie war mit einem Mann namens Joseph verlobt, der aus dem Haus David stammte. Der Name der Jungfrau war Maria.
Der Engel trat bei ihr ein und sagte: Sei gegrüßt, du Begnadete, der Herr ist mit dir. Sie erschrak über die Anrede und überlegte, was dieser Gruß zu bedeuten habe. Da sagte der Engel zu ihr: Fürchte dich nicht, Maria; denn du hast bei Gott Gnade gefunden. Du wirst ein Kind empfangen, einen Sohn wirst du gebären: dem sollst du den Namen Jesus geben. Er wird groß sein und Sohn des Höchsten genannt werden. Gott, der Herr, wird ihm den Thron seines Vaters David geben. Er wird über das Haus Jakob in Ewigkeit herrschen, und seine Herrschaft wird kein Ende haben.
Maria sagte zu dem Engel: Wie soll das geschehen, da ich keinen Mann erkenne?
Der Engel antwortete ihr: Der Heilige Geist wird über dich kommen, und die Kraft des Höchsten wird dich überschatten. Deshalb wird auch das Kind heilig und Sohn Gottes genannt werden.

Auch Elisabeth, deine Verwandte, hat noch in ihrem Alter einen Sohn empfangen; obwohl sie als unfruchtbar galt, ist sie jetzt schon im sechsten Monat. Denn für Gott ist nichts unmöglich.
Da sagte Maria: Ich bin die Magd des Herrn; mir geschehe, wie du es gesagt hast.
Danach verließ sie der Engel.

Zu den besonders erfolgreichen Errungenschaften moderner Religionspädagogik gehört das „Bibliodrama". Das Ziel des Bibliodramas besteht darin, „daß die Teilnehmer über die Identifikation mit biblischen Gestalten und Situationen ein lebendiges Bibelverständnis erhalten und neue religiöse Erfahrungen machen" (LThK^3 II, Sp. 415).
Auch wenn das Bibliodrama vielleicht doch „nur" die Fortentwicklung des Bibelspiels der guten alten Katechese wäre, wer würde sich nicht ein lebendiges Bibelverständnis und neue religiöse Erfahrungen wünschen? Das Bibliodrama hat uns allen dabei schon geholfen, auch denen von uns, die bisher den Methoden moderner Religionspädagogik nicht ausgesetzt waren oder ihre alten Bibelspielerfahrungen schon längst vergessen haben.
Viele von uns kennen nämlich ein besonders erfolgreiches Bibliodrama und haben darin sogar

schon mitgespielt. Den Text für dieses wohl erfolgreichste Bibliodrama unserer Frömmigkeitsgeschichte bildet das Gebet „Der Engel des Herrn". Spätestens mit dem heiligen Papst Pius V. begann 1571 die Erfolgsgeschichte dieses Gebetes.

Der „Engel des Herrn brachte Maria die Botschaft". Die Antwort darauf erklärt das Glaubensgeheimnis unserer Stelle aus dem Lukasevangelium: „und sie empfing vom Heiligen Geist". Es folgt ein „Gegrüßet seist du Maria", ein Gebet, das mit Lukas 1, 28b–29 beginnt, sich also ebenfalls in unserem heutigen Evangelium findet. Die Antwort Mariens: „Siehe, ich bin die Magd des Herrn, mir geschehe nach deinem Wort", bildet auch den Schlußvers des heutigen Evangeliums.

Der folgende Vers des „Engel des Herrn" stammt aus dem Johannesprolog (Joh 1,14) und verdeutlicht wiederum das bei Lukas geschilderte Geschehen von Nazareth: „Und das Wort ist Fleisch geworden und hat unter uns gewohnt". Ein Stück vom Evangelium wird zum Gebet und animiert uns, sich betend das Geschehen von Nazareth zu vergegenwärtigen. So ist unser Evangelium im „Engel des Herrn" zu einer Art Bibliodrama geworden.

Ein „lebendiges Bibelverständnis" setzt das Gebet voraus, wird vom Gebet genährt und begleitet. In der Gebetspraxis der Kirche finden die Glaubenswahrheiten ihren Ausdruck. Noch heute läuten die meisten katholischen Kirchen zur Mittagszeit. Das 12-Uhr-Läuten ist das Angelus-Läuten, sozusagen der „Startschuß“ zum Gebet „Der Engel des Herrn“.

„Der Engel des Herrn“ ist ein adventliches, ja sogar weihnachtliches Gebet. Es gehört ganz besonders in diese Zeit des Kirchenjahres.

Zum Schluß noch ein Tip: den „Engel des Herrn“ finden Sie im Gotteslob (GL) unter der Nummer 2, 7.

Maria ist Christusträgerin

Lk 2,16–21

In jener Zeit eilten die Hirten nach Bethlehem und fanden Maria und Joseph und das Kind, das in der Krippe lag. Als sie es sahen, erzählten sie, was ihnen über dieses Kind gesagt worden war. Und alle, die es hörten, staunten über die Worte der Hirten.
Maria aber bewahrte alles, was geschehen war, in ihrem Herzen und dachte darüber nach.
Die Hirten kehrten zurück, rühmten Gott und priesen ihn für das, was sie gehört und gesehen hatten; denn alles war so gewesen, wie es ihnen gesagt worden war.
Als acht Tage vorüber waren und das Kind beschnitten werden sollte, gab man ihm den Namen Jesus, den der Engel genannt hatte, noch ehe das Kind im Schoß seiner Mutter empfangen wurde.

Auch wenn der Jahreswechsel heute nicht mehr von den Bräuchen umgeben ist, wie sie zum Beispiel im Handwörterbuch des Deutschen Aberglaubens unter dem Stichwort „Neujahr" geschildert werden, geht doch wohl keiner von uns unbefangen in den Übergang vom 31. Dezember zum 1. Januar, und das zeigt sich auch

in der Gestaltung dieses Wechsels. Ignoriert wird er von keinem, und kaum einer wird an diesem Tag Gedanken an das vergangene Jahr und Hoffnungen oder bange Erwartungen für das neue Jahr vermeiden können. „Was bringt die Zukunft?" – diese Frage brennt sich an diesen Tagen durch jedes Phlegma durch. Es ist die Hoch-Zeit modernen Aberglaubens, der noch in keinem Lexikon erfaßt ist. Unglückspropheten und Katastrophenfetischisten, Astrologen und Kartenleger haben Hochkonjunktur.
In dieses hektisch-kopflose Getriebe zum Jahreswechsel stellt nun die Kirche die Gottesmutter. Sie tut es ganz bewußt, und sie tut es noch nicht lange: das Hochfest der Gottesmutter am ersten Tag des neuen Jahres ist ein Geschenk der Liturgiereform unter Papst Paul VI. in Folge des II. Vatikanischen Konzils; dabei wurden uralte Elemente aus der stadtrömischen Liturgie wieder aufgenommen; im Mittelpunkt steht vor allem die Gestalt Mariens als Gottesgebärerin, als Mutter. Die liturgischen Texte sind von Freude, ja Jubel durchdrungen.
Wie keine andere Gestalt greift Maria besonders an ihrem Fest zum Jahresanfang „Freude und Hoffnung, Trauer und Angst der Menschen von heute" (Vatikanum, II, Gaudium et Spes, Nr. 1) auf. Sie ist gerade als Mutter der Kirche, wie sie

in der Schlußoration des heutigen Meßformulars genannt wird, Wegbegleiterin durch das neue Jahr; Maria bringt uns Freude und Hoffnung, denn sie hat uns ja den Erlöser geboren. Sie ist als erster Mensch Christusträgerin. Ihre Gestalt ist durchsichtig auf den Erlöser: Die Christustransparenz Mariens schenkt uns das göttliche Licht. Durch Maria und in Maria immer Christus sehen, das ist der Weg der Freude und Hoffnung, wie ihn uns die Gottesmutter vorgelebt hat. Mariens Leben hilft uns, Freude und Hoffnung in unser Leben zu holen; zu Maria aufschauen heißt Christus finden.
In Maria dürfen wir auch die Kirche sehen, vieles, was wir von der Gottesmutter sagen, können wir auch von der Kirche sagen, auch sie – die Kirche – bringt uns Christus, vermittelt uns, vor allem durch die heiligen Sakramente, das Heil. So führt uns die Gestalt Mariens als Mutter der Kirche auch zur Kirche als heilsgeschichtlicher Größe. Wer von Maria redet, kann von der Kirche nicht schweigen.
Aber unser Leben wird nicht nur von Freude und Hoffnung bestimmt, es ist ziemlich sicher, daß uns im neuen Jahr auch „Trauer und Angst" erwarten. Und auch dann wird die Frau, die die Kirche als ihr eigenes Ur- und Abbild an den Anfang des Jahres gestellt hat, uns helfend nahe sein. Sie hilft durch ihr Beispiel: Auch ihr Leben kannte

nämlich Trauer und Angst; und die Mariendarstellungen, die gerade diese Seite ihres Lebens bildlich erfassen, sind häufig durch die Jahrhunderte hindurch ganz besondere Quellen des Trostes und der Zuversicht geblieben. Maria hat Trauer und Angst verarbeitet, ist von ihnen nicht überwältigt worden, sondern hat sie bewältigt. Die Gelöstheit und Heiterkeit des Glaubens, die sich im Glaubensgehorsam vollzieht, ist das marianische Rezept für Trauerarbeit und Angstbewältigung.

Maria ist aber nicht nur Beispiel, sondern auch aktiv Handelnde; im Gebet finden wir Kontakt zu ihr, können ihr unsere Sorgen vortragen; sie ist immer für uns da; sie kann uns unmittelbar helfen und tut das auch! Die alten Lieder und Bräuche der Volksfrömmigkeit wissen sehr genau darum. Und es ist kein Zufall, daß Maria in der Volksfrömmigkeit aller Jahrhunderte einen so festen Platz hat. Volksfrömmigkeit ist Theologie von unten. In der Volksfrömmigkeit kristallisiert sich das religiöse Empfinden der Basis, das mehr verdient als ethnologisches Interesse, intellektuelle Überheblichkeit oder pseudo-theologische Besserwisserei. Auch dazu kann uns das Hochfest der Gottesmutter am 1. Januar ermuntern: ein unbefangeneres Verhältnis zur Volksfrömmigkeit zu pflegen. Da, wo Maria im Bewußtsein der Gläubigen lebendig ist, da, wo Maria kindlich verehrt wird, da hat der Aberglaube keine Zukunft, da werden Trauerarbeit und Angstbewältigung geleistet, da haben Freude und Hoffnung breiten Zugang. Mit Maria ins neue Jahr, vielleicht das neue Jahr mit einer kleinen Wallfahrt beginnen, das heißt, der Freude und der Hoffnung auch im neuen Jahr eine Chance geben.

Vom Hören und Gehorchen

1 Sam 3,3b–10.19

In jenen Tagen schlief der junge Samuel im Tempel des Herrn, wo die Lade Gottes stand. Da rief der Herr den Samuel, und Samuel antwortete: Hier bin ich. Dann lief er zu Eli und sagte: Hier bin ich, du hast mich gerufen. Eli erwiderte: Ich habe dich nicht gerufen. Geh wieder schlafen! Da ging er und legte sich wieder schlafen.
Der Herr rief noch einmal: Samuel! Samuel stand auf und ging zu Eli und sagte: Hier bin ich, du hast mich gerufen. Eli erwiderte: Ich habe dich nicht gerufen, mein Sohn. Geh wieder schlafen! Samuel kannte den Herrn noch nicht, und das Wort des Herrn war ihm noch nicht offenbart worden.
Da rief der Herr den Samuel wieder, zum drittenmal. Er stand auf und ging zu Eli und sagte: Hier bin ich, du hast mich gerufen. Da merkte Eli, daß der Herr den Knaben gerufen hatte. Eli sagte zu Samuel: Geh, leg dich schlafen! Wenn er dich wieder ruft, dann antworte: Rede, Herr; denn dein Diener hört. Samuel ging und legte sich an seinem Platz nieder.
Da kam der Herr, trat zu ihm heran und rief wie die vorigen Male: Samuel, Samuel! Und Samuel antwortete: Rede, denn dein Diener hört.

Samuel wuchs heran, und der Herr war mit ihm und ließ keines von all seinen Worten unerfüllt.

Der heutige Sonntag, mit dem die Liturgie wieder in die „normale" Zeit der Sonntage im Jahreskreis eintritt, steht ganz im Zeichen der Berufung. Gott beruft ganz konkret einzelne Menschen; diese Erfahrung gehört zu den durchgängigen Grundkonstanten der Heilsgeschichte. Das Tagesevangelium (Joh 1,35–42) erzählt die Berufung der beiden Brüder Andreas und Simon Petrus. Die erste Lesung aus dem Alten Testament bietet einen gekürzten Abschnitt aus der „Jugendgeschichte" Samuels. Beide Texte erzählen von einer Berufung zum besonderen Dienst am Volke Gottes. Beide Male geht es um den Leitungsdienst. Gott führt sein Volk durch die von ihm zum Leitungsdienst Berufenen.

In der ersten Lesung geht es um die Erkenntnis der Berufung. Samuel lebt schon im Tempel von Schilo als „Lehrling" des alten Priesters Eli, er darf sogar in der Nähe der Bundeslade schlafen. Samuel lebt also in einer religiös sicherlich besonders dichten Atmosphäre, aber einer Atmosphäre, die vielleicht auch ein wenig durch religiöse „Trockenheit" gekennzeichnet war: „Zu jener Zeit war ein Wort Jahwes selten: Gesichte kamen nicht häufig vor" (1 Sam 3,1b). In dieser Situation trifft das Wort des Herrn Samuel, dieser vermutet eine natürliche Stimme, nämlich die seines Herrn Eli. Zweimal erliegt er diesem Mißverständnis, und dann erst merkt Eli, „daß Jahwe es war, der den Knaben rief" (1 Sam 3,8b). Der wesentlich ältere und erfahrene Priester gibt nun dem jungen Mann den entscheidenden Rat, beim nächsten Anruf zu sagen: „Rede Herr, (denn) dein Diener hört" (1 Sam 3,9b). Samuel befolgt diesen Rat und erfährt eine Offenbarung des Herrn. Voraussetzung für diese Offenbarung ist die getreue Erfüllung von Elis Ratschlag; sinnvoll kann dieser aber nur befolgt werden, wenn der Satz, den Samuel sagen soll, auch tatsächlich seine innerste Bereitschaft zum Ausdruck bringt. Der Satz ist kein „magischer" Satz, der Zugang zu versperrten Welten öffnet. Nur als echter Ausdruck menschlicher Grundbefindlichkeit öffnet er den Menschen für Gott. Nur wer bereit ist zu hören, wird auch hören! Samuel geht den Weg des Gehorsams zuerst gegenüber Eli: zweimal folgt er seinem vermeintlichen Ruf mitten in der Nacht ohne Murren und Zögern, dann folgt er seinem Ratschlag. Und für sein ganzes Leben folgt Samuel dann Gottes Stimme, die ihn zum Sieg über die Philister, zu Erwählung und Verwerfung des Saul und schließlich zur Salbung Davids führen sollte.

Der Lebensweg Samuels, geleitet von der Stimme des Herrn, ist ein Weg, der Höhen und Tiefen kennt, und auch diese erste Offenbarung des Herrn war nicht unbedingt eine Offenbarung, die froh machen konnte. Samuel mußte seinem Lehrer Eli, dem er so gehorcht hatte und dessen Ratschlag er die Offenbarung verdankt, verkünden, daß Gott über sein Haus für alle Zeit das Urteil gesprochen hat. Eli hatte Schuld auf sein Haus geladen, weil er dem gotteslästerlichen Treiben seiner Söhne nicht Einhalt geboten hatte (1 Sam 3,11–18). Die erste Offenbarung des jungen Samuel ist also eine Gerichtsoffenbarung für seinen Lehrer Eli. Genau dieser Teil wurde aus unserer Lesung gekürzt. Aber gerade diese Gerichtsoffenbarung, die um das Versagen auch des Berufenen weiß, zeigt die Radikalität der Berufung Samuels. Nur im Gehorsam gegen seinen Lehrer Eli wird Samuel zum Propheten, und als Prophet muß er Eli zuerst das endgültige Urteil Gottes überbringen.
Die Berufungsgeschichte Samuels führt zum Nachdenken über Gehorsam und Berufung. Sie zeigt uns aber, daß Gott seine Berufungen nicht einstellt, auch wenn die Berufenen versagen.

Vom Zeitgeist und vom Kreuz

1 Kor 2,5–5

Als ich zu euch kam, Brüder, kam ich nicht, um glänzende Reden oder gelehrte Weisheit vorzutragen, sondern um euch das Zeugnis Gottes zu verkündigen. Denn ich hatte mich entschlossen, bei euch nichts zu wissen außer Jesus Christus, und zwar als den Gekreuzigten. Zudem kam ich in Schwäche und in Furcht, zitternd und bebend zu euch.
Meine Botschaft und Verkündigung war nicht Überredung durch gewandte und kluge Worte, sondern war mit dem Erweis von Geist und Kraft verbunden, damit sich euer Glaube nicht auf Menschenweisheit stütze, sondern auf die Kraft Gottes.

Unser Glaube konkurriert heute auf dem freien Markt einer Mediengesellschaft mit vielen mehr oder weniger attraktiven Sinnstiftungsangeboten. Der suchende Mensch – wenn er denn sucht – findet soviele Angebote zur (pseudo-)religiösen Daseinsgestaltung und -bewältigung, daß die Frage nach der Unterscheidung zum eigentlichen Problem wird.

In dieser Situation wünschen sich viele „Pastoralbürokraten" und „Seelsorgsplaner" den brillanten Verkünder des Glaubens; er soll auf der Höhe der psychopastoralen Methodendiskussion unserer Zeit stehen, er soll den modernen Menschen da abholen, wo immer er steht: und bei diesem Unterfangen sind Offenheit für den Zeitgeist und Diskursfähigkeit gefragt. Diese und viele andere wunderschöne Eigenschaften können in Fortbildungsmaßnahmen von erfahrenen Verkündigungsprofis erworben werden.

Die Situation in der Zweihafenstadt Korinth zur Zeit des heiligen Paulus ist mit unserer heutigen sehr wohl vergleichbar. In Korinth, weltoffen und urban „das Licht ganz Griechenlands" (Cicero), ein typisches Beispiel für einen „städtischen Verdichtungsraum kultureller Pluralisierung" (Michael N. Ebertz) sammelten sich die religiösen Angebote des Mittelmeerraumes. Von der Tempelprostitution über Philosophenschulen aller Schattierungen bis zu bizarren Mysterienkulten.

In diese pluralistische Atmosphäre kommt Paulus, der gerade in Athen einen pastoralen Mißerfolg verbucht hatte (Apg 17,22–32). Dort hatte er in seiner Verkündigung an die religiöse Szenerie seiner Umgebung unmittelbar angeknüpft und letztlich doch nur Hohn und Spott geerntet.

In Korinth hat er es ganz anders gemacht, wie, sagt er uns in der heutigen Lesung: Christus steht im Mittelpunkt der Verkündigung, nicht irgendeine abstrakte Figur, sondern der konkrete Jesus Christus als Gekreuzigter.
Immer wieder in der Missionsgeschichte der Kirche gab es die Versuchung, das Kreuz zu verhüllen, das Kreuz in den Hintergrund zu drängen, wenn nicht gar ganz zu verstecken, denn das Kreuz setzt allen Anpassungstrategien für die christliche Botschaft enge Grenzen.
Diese Botschaft wirkt durch sich selbst, nicht durch „gewandte und kluge Worte". Genausowenig wie die blendende Dialektik der Sophisten von Korinth dürfen moderne Psycho- und Marketingstrategien die Verkündigung der christlichen Botschaft inhaltlich bestimmen. Das Kreuz ist ein sperriges Symbol, es steht quer zum Zeitgeist und erinnert an die Radikalität unseres Glaubens. Das Kreuz fragt nicht nach gesellschaftlicher Relevanz, sondern zeigt die Wahrheit des Gekreuzigten. Die Sorge um gesellschaftliche Relevanz ist häufig genug eine Sorge, die vom Ernst des Kreuzes ablenken könnte.
Die Lesungen des fünften Sonntags im Jahreskreis bieten ein Kontrastprogramm zu jedweder Anpassungsstrategie. In der ersten Lesung aus

dem Propheten Jesaja (58,7–10) geht es um entschiedenes Handeln. In der zweiten Lesung aus dem ersten Korintherbrief (2,5–5) geht es Paulus um die entschiedene Verkündigung und im dritten Text des heutigen Sonntags, dem Evangelium nach Matthäus (5,13–16), geht es um das entschiedene Leben, das zum Licht der Welt werden soll.

Dieses Kontrastprogramm verdeutlicht, was uns häufig genug fehlt: Entschiedenheit in der Verkündigung, Entschiedenheit im Handeln, Entschiedenheit in der Ausstrahlung unseres Lebens. Erst so wird Glaube in einer pluralistischen Gesellschaft wahrnehmbar.

Nicht Anpassung, klares Profil ist gefordert. Gerade heute braucht die Kirche „Unbestechlichkeit und Immunität gegen politische und zeitgeistliche Strömungen" (Rainer Bonhorst). Diese Wendung aus einem Leitartikel sollte uns Gläubigen wirklich zu denken geben. Sie zeigt die bleibende Aktualität des Paulustextes. Wenn der christliche Glaube glaubwürdig bleiben soll, darf kein Weg am Kreuz vorbeiführen. Auch nicht der Weg der gesellschaftlichen Relevanz.

Christologischer Werbespot

Mk 1,40–45

In jener Zeit kam ein Aussätziger zu Jesus und bat ihn um Hilfe; er fiel vor ihm auf die Knie und sagte: Wenn du willst, kannst du machen, daß ich rein werde. Jesus hatte Mitleid mit ihm; er streckte die Hand aus, berührte ihn und sagte: Ich will es – werde rein! Im gleichen Augenblick verschwand der Aussatz, und der Mann war rein.
Jesus schickte ihn weg und schärfte ihm ein: Nimm dich in acht! Erzähl niemand etwas davon, sondern geh, zeig dich dem Priester und bring das Reinigungsopfer dar, das Mose angeordnet hat. Das soll für sie ein Beweis meiner Gesetzestreue sein.
Der Mann aber ging weg und erzählte bei jeder Gelegenheit, was geschehen war; er verbreitete die ganze Geschichte, so daß sich Jesus in keiner Stadt mehr zeigen konnte; er hielt sich nur noch außerhalb der Städte an einsamen Orten auf. Dennoch kamen die Leute von überallher zu ihm.

Nach dem langen Siegeszug der medizinischen Forschung in den letzten Jahren sind wir seit einiger Zeit wieder sensibilisiert für die Gefahren ansteckender Krankheiten. Diese manchmal bis zur Hysterie gesteigerte Sensibilität unserer Tage läßt uns vielleicht besonders hellhörig werden für die Geschichte des Aussätzigen, die uns Markus berichtet. Es tritt ein Mann auf, bei dem das winzige „mycobacterium leprae“ schon ganze Arbeit geleistet hat: ein Aussätziger, durch die Krankheit gekennzeichnet, sozial stigmatisiert und einer umfänglichen Sondergesetzgebung unterworfen, die vor allem auf die totale Isolation des von der ansteckenden Krankheit Befallenen abzielte.

Dieser Kranke nun nähert sich Jesus, indem er vor ihm auf die Knie fällt, er nähert sich dem Herrn also mit einer Demutsgeste der Unterwerfung, so begrüßten Sklaven Herren, Verlierer triumphierende Sieger. Hier ist nichts spürbar von einer „Kollegialität“ gleichberechtigter „Weggefährten“, hier soll ein ganz klares Unterwerfungsverhältnis durch Unterordnungsverhalten dokumentiert werden. Die Worte des Aussätzigen unterstreichen das, er fordert nicht, er klagt keinen Anspruch ein, nein, er stellt vielmehr die göttliche Allmacht Jesu Christi fest. Die Worte passen zum Kniefall: Gebärde und Anrede bringen die Anerkennung der göttlichen Allmacht ohne Einschränkung und Vorbehalt zum Ausdruck. Und diese Anerkennung soll im eigenen Leben des Kranken Frucht bringen. Nicht die Mündigkeit des einzelnen, nicht seine Souveränität und nicht seine eigenen Selbstverwirklichungsbestrebungen bringen wirksame Hilfe, sondern nur die Allmacht Gottes. Und der Herr reagiert ähnlich wie der Aussätzige durch seine Gebärde und durch Worte: Er streckt die Hand aus und berührt ihn. Diese Berührung widerspricht den Anordnungen des alten Bundes. Es ist eine Geste der Macht und der Besitzergreifung! Jesus kann dieses Gesetz des Alten Bundes übertreten, weil seine göttliche Allmacht jedes Gesetz übersteigt. Jesus will dieses Gesetz des Alten Bundes übertreten, weil sein göttliches Erbarmen jedes Gesetz übersteigt. Erbarmen ohne Macht wäre wirkungslos für den Kranken. Ausdruck von Macht, die sich erbarmt, ist dann auch die ausdrückliche Willensäußerung des Gottmenschen, kein Wenn und Aber, kein Vorbehalt, keine Einschränkung und keine Rückversicherung, sondern ein klarer göttlicher Willensakt: „Ich will." Deutlich wird der Herr in seiner göttlichen Allmacht gezeigt: die absolute Unterwerfung des Bittstellers, ausgedrückt in Geste und Wort; die absolute Allmacht Jesu Christi, ebenfalls ausgedrückt in Geste und Wort. Direkte Folge des göttlichen Willensaktes ist die Spontan-Remission des Aussatzes. Jesus

Christus ist der Herr über das Gesetz: er berührt den Aussätzigen, und er ist der Herr über die Natur: er heilt den Aussätzigen.
Wenn Jesus Herr über das Gesetz ist, bedeutet das noch längst nicht, daß er die gesetzliche Ordnung seiner Zeit verachtet oder sie zu verachten lehrt. Im Gegenteil: seine Anweisung an den Geheilten, sich dem Priester zu zeigen, dokumentiert deutlich: der Herr wünscht, daß der von der Allmacht Gottes Gezeichnete sich in die überlieferte Ordnung einfügt, ja, dieses Wunder und seine „Abwicklung“ sollen ausdrücklich zum Beweis der Gesetzestreue Jesu Christi dienen.
Jesus zeigt seine absolute Souveränität, souverän gegen das Gesetz: er berührt den Aussätzigen; souverän über dem Gesetz: er heilt den Aussätzigen; souverän mit dem Gesetz: er befiehlt dem Aussätzigen, sich den Priestern zu zeigen und damit, sich an die gesetzliche Ordnung zu halten.
Unendlich viel Leid durchzieht die Geschichte des christlichen Abendlandes, weil man in der Vergangenheit immer wieder die Kritik Jesu am jüdischen Gesetz überinterpretiert hat, weil man zwar die Polemik Jesu gegen die Gesetzeslehrer, nicht aber seine grundsätzliche Treue zum jüdischen Gesetz richtig wertete. Jesus bejaht die Ordnung des Gesetzes, die gilt, bis die

neue Ordnung der Liebe im Kreuz aus der Wirklichkeit seines Lebens, seines Todes und seiner Auferstehung Gestalt annimmt. Jesus ersetzt keineswegs den Gesetzesfanatismus der Pharisäer durch einen eigenen Gesetzeskritizismus. Die Geschichte, die Markus uns hier erzählt, ist vor allen Dingen ein „christologischer Werbespot"; kurz, prägnant und eindringlich wird die göttliche Allmacht Jesu Christi herausgestellt. Markus wendet sich damit gegen alle Versuche, Jesus nur als den Menschen, und den auch noch als sympathischen Kritiker der Ordnungssysteme seiner Zeit zu sehen. Markus, der Evangelist, sagt uns aber nicht nur etwas über die Souveränität Gottes, er sagt uns auch etwas über uns, näherhin zeigt er uns, wie unser Gebet aussehen sollte. Unser Reden mit Gott ist nicht der Dialog gleichberechtigter Partner einer Weggemeinschaft. Das Gebet muß vielmehr mit dem Kniefall beginnen, mit dem Kniefall vor dem Allmächtigen. Die Strukturen und Bedingungen unseres Redens mit Gott sind andere als die von Verkaufs-, Abrüstungs- und Tarifverhandlungen. Wir können keine Forderungen stellen, wir können nur in Demut bitten, und dieses Bitten ist ein Appell an den Willen des Allmächtigen. Die Anerkennung der Allmacht Gottes ist Voraussetzung für jedwede Hoffnung.

Zumutung wird zum Segen

Gen 12,1–4a

In jenen Tagen sprach der Herr zu Abraham: Zieh weg aus deinem Land, von deiner Verwandtschaft und aus deinem Vaterhaus in das Land, das ich dir zeigen werde. Ich werde dich zu einem großen Volk machen, dich segnen und deinen Namen groß machen. Ein Segen sollst du sein. Ich will segnen, die dich segnen; wer dich verwünscht, den will ich verfluchen. Durch dich sollen alle Geschlechter der Erde Segen erlangen.
Da zog Abraham weg, wie der Herr ihm gesagt hatte.

Wie mit einem „Spotlight" leuchtet das erste Buch der Heiligen Schrift die Gestalt des Abraham aus dem Dunkel der Urgeschichte heraus. Unter den Einzelheiten, die das Buch Genesis von ihm zu berichten weiß, ist sicher das Wichtigste und Grundsätzlichste: Abraham ist der Vater des Glaubens, ja ihm ist das Evangelium im voraus verkündet worden, wie der heilige Paulus in seinem Brief an die Galater gerade unter Bezug auf unsere Stelle schreibt (Gal 3,8). Immer wieder beschäftigt sich der ehemalige Pharisäer Paulus mit dem Stammvater seines Glaubens, dem Patriarchen Abraham. Ihn fasziniert der Glaube Abrahams. Und ist nicht auch in dem, was Paulus in der heutigen zweiten Lesung aus dem zweiten Brief an Timotheus schreibt, Abraham als erstes Beispiel mit gemeint: „... mit einem heiligen Ruf hat er uns gerufen, nicht aufgrund unserer Werke, sondern aus eigenem Entschluß und aus Gnade, die uns schon vor ewigen Zeiten in Christus Jesus geschenkt wurde" (2 Tim 1,9)? Durch den Glauben an Jesus Christus werden wir alle zu Nachkommen Abrahams. Die Rede Gottes an Abraham in der heutigen Lesung ist eine Zu-Mutung, die Antwort Abrahams darauf ist ein absoluter, unbedingter Gehorsam. Den gleichen Glauben und die gleiche Reaktion finden wir später bei der Erfüllung der Verheißungen an Abraham, in der Antwort Mariens auf die Botschaft des Engels: „Siehe, ich bin die Magd des Herrn, mir geschehe nach Deinem Wort!" (Lk 1,38). Gottes Zumutung verlangt Unterwerfung, und diese Unterwerfung ist der Glaube. Und auf diese Glaubensunterwerfung folgt der Segen Gottes so intensiv, daß derjenige, der glaubt, selbst zum Segen für „alle Geschlechter der Erde" wird. Dieses Segensversprechen wird in Menschwerdung, Kreuz und Auferstehung unseres Herrn Jesus Christus unüberbietbare Wirklichkeit. So steht Abraham auch als erster der großen biblischen Gestalten, ebenso wie Mose und Elia im heutigen Evangelium für die Einheit von Altem und Neuem Testament, in der Spannung von Verheißung und Erfüllung.

Abraham ist der Patriarch der Einheit, sind doch alle Christgläubigen Söhne Abrahams dem Glauben nach (vgl. Vat. II, Nostra aetate, Nr. 4). Die Gestalt Abrahams verbindet uns nicht nur mit den Juden, sondern auch mit dem Islam, mehr als 25 Suren erzählen im Koran von ihm; so mahnt uns die Gestalt des Abraham, nie zu vergessen, daß der Heilswille Gottes auch die umfaßt, „welche den Schöpfer anerkennen, unter ihnen besonders die Muslime, die sich zum Glauben Abrahams bekennen und mit uns den einen Gott anbeten, den barmherzigen, der die Menschen am jüngsten Tag richten wird" (Vat. II, Lumen gentium, Nr. 16).

Die jüdische Tradition sieht in Abraham den ersten Menschen, der durch die Beobachtung der Natur zur Erkenntnis des einen Gottes gelangte. Die muslimische Tradition weiß von seinem kämpferischen Engagement für den Monotheismus zu erzählen. So ist in allen Traditionen Abraham präsent als ein Mann, für den der Glaube nicht nur ein vages Gefühl ist, sondern zum konkrekten Modell des Handelns wird. In seiner Antwort auf die Zumutung Gottes läßt Abraham die Sicherheiten seiner Umgebung hinter sich, er bricht auf in eine neue Umgebung, wo er ausgesondert und fremd sein wird. So kann Glaube auch Fremdheit, ja sogar Konfrontation bedeuten, eine Konfrontation, die im Kreuz gipfelt. Durch den Glauben erst kommt der Segen! Dieser Segen ist Geschenk, er ist „Macht-Wort" Gottes. Im Vorgriff auf das Kreuz Christi wird Abraham durch den Glauben zum Segensbringer für alle Geschlechter. Vor dem Gesetz steht der Glaube, der zum Segen führt, und aller Segen gipfelt im Kreuz, so daß nach Golgotha segnen bedeutet: „mit dem Kreuz bezeichnen". Als mit dem Kreuz Bezeichnete sollen auch wir zum Segen werden.

Drohbotschaft als Frohbotschaft!

Lk 13,1–9

Zu jener Zeit kamen einige Leute zu Jesus und berichteten ihm von den Galiläern, die Pilatus beim Opfern umbringen ließ, so daß sich ihr Blut mit dem ihrer Opfertiere vermischte.
Da sagte er zu ihnen: Meint ihr, daß nur diese Galiläer Sünder waren, weil das mit ihnen geschehen ist, alle anderen Galiläer aber nicht? Nein, im Gegenteil: Ihr alle werdet genauso umkommen, wenn ihr euch nicht bekehrt.
Oder jene achtzehn Menschen, die beim Einsturz des Turms von Schiloach erschlagen wurden – meint ihr, daß nur sie Schuld auf sich geladen hatten, alle anderen Einwohner von Jerusalem aber nicht? Nein, im Gegenteil: Ihr alle werdet genauso umkommen, wenn ihr euch nicht bekehrt.
Und er erzählte ihnen dieses Gleichnis: Ein Mann hatte in seinem Weinberg einen Feigenbaum; und als er kam und nachsah, ob er Früchte trug, fand er keine.
Da sagte er zu seinem Weingärtner: Jetzt komme ich schon drei Jahre und sehe nach, ob dieser Feigenbaum

Früchte trägt, und finde nichts. Hau ihn um! Was soll er weiter dem Boden seine Kraft nehmen?
Der Weingärtner erwiderte: Herr, laß ihn dieses Jahr noch stehen; ich will den Boden um ihn herum aufgraben und düngen. Vielleicht trägt er doch noch Früchte; wenn nicht, dann laß ihn umhauen.

TRAGISCHE UNFÄLLE UND Katastrophen erschüttern uns häufig. Ergreifend sind oft die Trauergottesdienste im Anschluß an solche tragischen Ereignisse. Bei diesen Trauergottesdiensten findet sich immer viel Prominenz ein und drückt Betroffenheit und tiefe Trauer mehr oder weniger überzeugend aus. Vor diesem Hintergrund der gesellschaftlichen und religiösen Trauerrituale erhält unser heutiges Tagesevangelium besonders scharfe Konturen.
Da wird Jesus eine furchtbare Katastrophe gemeldet: Die römische Besatzungsmacht unter Pontius Pilatus hat wieder einmal gezeigt, wer Herr im Hause ist, wahrscheinlich hatte sie sogar im Tempel selbst zugeschlagen, eine menschliche, politische und religiöse Katastrophe.
Die Reaktion Jesu nun überrascht: Kein Wort über die Opfer, keine Trauerroutine, vielmehr wendet er sich in deutlichen Worten an die Lebenden. Zu ihnen spricht er von Sünde und Tod:

„Ihr alle werdet genauso umkommen“ (Lk 13,3). Wie viele, die damals die Worte Jesu hörten, mögen dabei gewesen sein, als Jerusalem im Jahre 70 fiel?
Nur die Buße, die Bekehrung hilft! Jesus unterstreicht den Ernst seiner Botschaft durch ein zweites Katastrophenbeispiel, den – diesmal unpolitischen – Tod von achtzehn Menschen. Auch hier kein Wort des Bedauerns über die Opfer oder gar ein Zeichen von Trauer, nein, auch diese Katastrophe ist ein Beispiel für das, was alle erwartet, die nicht umkehren, die nicht Buße tun, die sich nicht bekehren.
Diese Bekehrung soll nicht auf einen späten Termin verschoben werden. Mit dem folgenden Gleichnis vom Feigenbaum setzt Jesus seine Zuhörer unter Zeitdruck: „Laß ihn dieses Jahr noch stehen“ (Lk 13,8). Der Zeitrahmen für unsere Bekehrung wird eng!
Ist dieses Evangelium noch zeitgemäß, ist es überhaupt jugendfrei? Ist das nicht mehr Droh- als Frohbotschaft? Tatsächlich werden alle Zeitgeist- und Discount-Christen mit dem heutigen Tagesevangelium große Verständnisschwierigkeiten haben. Jesus ist kein Softi, seine Erlösungsbotschaft ist eine Botschaft der Buße und Umkehr. Das sagt er uns heute, und zwar sehr deutlich.

Die Erlösung besteht eben nicht darin, daß Sünde und Verdammnis abgeschafft wären, sondern darin, daß die Sünde keine Herrschaft mehr über uns haben muß, und daß die Verdammnis vermeidbar ist, wenn wir Buße tun, und uns bekehren, wie Jesus im heutigen Tagesevangelium in eindringlicher Deutlichkeit rät. Der erste Schritt dazu ist eine gute Beichte. Nicht aufschieben, der Zeitrahmen ist eng!

„Rosensonntag“ – Aperitif für Ostern

Joh 9,1.6–9.13–17.34–38

In jener Zeit sah Jesus unterwegs einen Mann, der seit seiner Geburt blind war. Jesus spuckte auf die Erde; dann machte er mit dem Speichel einen Teig, strich ihn dem Blinden auf die Augen und sagte zu ihm: Geh und wasch dich in dem Teich Schiloach! Schiloach heißt übersetzt: Der Gesandte. Der Mann ging fort und wusch sich. Und als er zurückkam, konnte er sehen.

Die Nachbarn und andere, die ihn früher als Bettler gesehen hatten, sagten: Ist das nicht der Mann, der dasaß und bettelte? Einige sagten: Er ist es. Andere meinten: Nein, er sieht ihm nur ähnlich. Er selbst aber sagte: Ich bin es.

Da brachten sie den Mann, der blind gewesen war, zu den Pharisäern. Es war aber Sabbat an dem Tag, als Jesus den Teig gemacht und ihm die Augen geöffnet hatte.

Die Pharisäer fragten ihn, wie er sehend geworden sei. Der Mann antwortete ihnen: Er legte mir einen Teig auf die Augen; dann wusch ich mich, und jetzt kann ich sehen.

Einige der Pharisäer meinten: Dieser Mensch kann nicht von Gott sein, weil er den Sabbat nicht hält. Andere aber sagten: Wie kann ein Sünder solche Zeichen tun? So entstand eine Spaltung unter ihnen. Da fragten sie den Blinden noch einmal: Was sagst du selbst über ihn? Er hat doch deine Augen geöffnet. Der Mann antwortete: Er ist ein Prophet.
Sie entgegneten ihm: Du bist ganz und gar in Sünden geboren, und du willst uns belehren? Und sie stießen ihn hinaus.
Jesus hörte, daß sie ihn hinausgestoßen hatten, und als er ihn traf, sagte er zu ihm: Glaubst du an den Menschensohn?
Der Mann antwortete: Wer ist das, Herr? Sag es mir, damit ich an ihn glaube.
Jesus sagte zu ihm: Du siehst ihn vor dir; er, der mit dir redet, ist es.
Er aber sagte: Ich glaube, Herr! Und er warf sich vor ihm nieder.

FUSSBALLFANS HABEN ES oft erlebt: Eine Mannschaft spielt mehr schlecht als recht, und dann kommt die Halbzeit: 15 Minuten Pause. Diese 15 Minuten sind häufig die spielentscheidenden Minuten. Sie sind die große „Stunde“ der wirklich großen Trainer. Die Viertelstunde des „Coach“: Die Taktik wird kurz angesprochen, den einen Spieler läßt er massieren, damit er sich entkrampft, den anderen wird er Auflockerungsübungen machen lassen, motiviert werden alle: „Ihr schafft das schon!“ Er stärkt den Siegeswillen. Gutes „Coaching“ erkennt man vor allem in der zweiten Halbzeit.

Heute ist Halbzeit in der österlichen Bußzeit, wir haben die Hälfte hinter uns, wie ist der Spielstand, wo stehen wir? Und jetzt kommt das „Coaching“ der Kirche am heutigen Sonntag, und was sagt sie uns? Das erste Wort, das wir heute von ihr hören, heißt „laetare“, freue Dich! Das Violett der Buße wird durch das Rosa des heutigen Sonntags ersetzt. Halbzeit der Fastenzeit ist der Sonntag der Freude. Im Mittelalter trug an diesem Sonntag der Papst feierlich eine goldene Rose zur Stationskirche des heutigen Tages, S. Croce in Gerusalemme.

Diese Rose war innen mit Balsam und Moschus gefüllt. Sie wurde vom Papst feierlich gesegnet und dann einem bedeutenden Politiker, häufig auch bedeutenden Frauen übersandt, aber auch wichtige Kirchen erhielten sie. 1635 bekam sie die Verlobte des bayerischen Kurfürsten Maximilian, Maria Anna von Österreich, die Tochter Kaiser Ferdinands II.: Eine Rose für Bayern in schwerer Zeit! Im Jahre 1759 erhält zum letzten Mal ein Mann eine solche Rose, danach nur noch Frauen.

Papst Innozenz III. (1198–1216), einem der größten Päpste, verdanken wir die wohl schönste Predigt über diesen liebenswerten Brauch. In einer Zeit, die von „aufklärerischen Geistersehern“ so gerne als finster und leibfeindlich bezeichnet wird, trägt der erste Mann der Kirche ein Parfümfläschchen im Design einer Rose vor das wirkliche Kreuz unseres Herrn und segnet es feierlich. Ein Triumph katholischer Schöpfungsfreude! Freude am Schönen, „Trost in der Trübsal dieser Zeit“, ein kräftiger Aperitif zur Einstimmung auf Ostern!
Das heutige Evangelium liegt ganz auf dieser Linie. Jesus geht auf den Blindgeborenen zu, er wartet nicht auf seine Bitte, er selbst ergreift die Initiative. Er spuckt in den Staub und verklebt dem Blinden noch zusätzlich die Augen. „Gedenke Mensch, Staub bist du und zum Staube kehrst du zurück!“, haben wir am Aschermittwoch gehört. Die Anspielung auf die Schöpfung des Menschen (Gen 2,7) mag auch hier mitspielen.
Jesus wirkt das Wunder nicht durch sein Wort, wie häufig sonst, sondern indem er die geschaffene Wirklichkeit, Staub und Speichel, aufgreift und den Mann zum Waschen in den „wundertätigen“ Teich Schiloach schickt. „Die stillfließenden Wasser Schiloach“ (Jes 8,6) gehörten sicher-

lich nicht zur jüdischen Hochreligion. Schiloach mit seinem wundertätigen Wasser, das so oft, aber längst nicht immer Heilung brachte, war wohl eher ein Zentrum jüdischer Volksfrömmigkeit.

Der Blinde wird sehend im natürlichen Sinn, das aber hat übernatürliche Folgen: sein Glaube an Jesus steigert sich, zuerst spricht er nur vom „Mann, der Jesus heißt" (V. 11, nicht in der Kurzfassung). Dann erklärt er: „Er ist ein Prophet" (V. 17) und schließlich sagt er: „Ich glaube, Herr" und wirft sich nieder (V. 38).

Durch Christi Handeln an der Schöpfung wird der Blindgeborene sehend und gläubig. Für ihn beginnt die zweite Halbzeit seines Lebens. Der Teig, den unser Herr Jesus Christus aus Staub und Speichel herstellt, und die goldene Rose, die die Päpste zum wirklichen Kreuz Christi tragen, sollen die gleiche Botschaft überbringen: Die Schöpfung ist gut, die Freude an ihr gehört zum Glauben und führt zum Glauben.

Freude ist das Geheimnis des richtigen „Coachings". Wir können keine Rosen regnen lassen, schon gar keine goldenen, aber eine Rose schenken, das ginge doch, vielleicht ein wenig Parfüm dazu. Machen Sie Ihre Liebe sichtbar, die zweite Halbzeit beginnt gleich! Das „Coaching" ist ein Aperitif für Ostern, und vielleicht braucht es zur richtigen Schöpfungsfreude ja noch eine kräftige Massage, die bekommen Sie im Beichtstuhl. Die Kirche meint es ganz ernst mit der Freude.

Sonntag der Freude: Keine „Wüstendiät“ mehr

Jos 5,9a.10–12

In jenen Tagen sagte der Herr zu Josua: Heute habe ich die ägyptische Schande von euch abgewälzt.
Als die Israeliten in Gilgal ihr Lager hatten, feierten sie am Abend des vierzehnten Tages jenes Monats in den Steppen von Jericho das Pascha.
Am Tag nach dem Pascha, genau an diesem Tag, aßen sie ungesäuerte Brote und geröstetes Getreide aus den Erträgen des Landes. Vom folgenden Tag an, nachdem sie von den Erträgen des Landes gegessen hatten, blieb das Manna aus; von da an hatten die Israeliten kein Manna mehr, denn sie aßen in jenem Jahr von der Ernte des Landes Kanaan.

Das erste Wort der Liturgie des heutigen vierten Fastensonntags lautet: „Freue dich!“ In vielen Kirchen werden die Priester heute ein rosafarbenes Meßgewand tragen und so das dunkle Violett der Fastenzeit etwas aufhellen. Im mittelalterlichen Rom trug der Papst an diesem Sonntag in feierlicher Prozession eine goldene Rose zur Stationskirche des Tages, Santa Croce in Gerusa-

lemme, und noch bis in das Pontifikat Pauls VI. haben sich Elemente dieser Tradition erhalten. So bekam in dieser Zeit die Gottesmutter von Guadalupe in Mexiko die goldene Rose.
Der heutige Tag ist also ein ganz besonderer Fastensonntag. Vor dem näherrückenden Passionsgeschehen leuchtet schon die Freude, die ja letztlich Osterfreude ist, auf. Vielleicht haben die Architekten der Liturgiereform und Kompositeure der Leseordnung sich gerade deswegen für die heutige Lesung aus dem Buche Josua entschieden. In der liturgischen Perspektive gewinnt nämlich auch unsere Lesung Konturen, zeigt sie doch Israel in einem ganz besonderen Moment seiner Geschichte: Soeben haben die Israeliten den Jordan durchschritten und sind jetzt in dem Land, das der Herr ihnen versprochen hat und damit in Freiheit. Sie sind nicht mehr Sklaven Ägyptens, die in der quälenden Heimatlosigkeit der Wüste umherziehen müssen. Dieses Los, diese Schande hat der Herr von ihnen genommen. Dafür sollen die zwölf Gedenksteine in Gilgal (vgl. Jos 4,9) ewiges Zeugnis ablegen.
Die Landnahme ist das eigentlich Thema des Buches Josua, dabei erhält diese Landnahme fast den Charakter einer großen feierlichen Prozession, und an deren Anfang steht nun das er-

ste Pascha im gelobten Land, von dem unsere Lesung heute berichtet. Tage der Freude und des Gottesdienstes, und Gottesdienst, besonders das Paschafest hat immer eine doppelte Dimension, nämlich die der Erinnerung (Befreiung aus Ägypten, Durchzug durch das Rote Meer) und der Verheißung (das gelobte Land und seine Früchte). Von jetzt ab leben die Israeliten aus ihrem eigenen Land, die Ernährungsgewohnheiten können von Grund auf umgestellt werden: keine „Wüstendiät" mehr, sondern echtes, ungesäuertes Brot und geröstetes Korn. Wir hören diese Lesung der Eucharistiefeier und dürfen hier schon einen Hinweis auf die Eucharistiefeier im Neuen Bund sehen.
Befreiung von der Schmach der Heimatlosigkeit, neu anfangen mit Gott und dem Dienst an ihm, Aufbruch zur Freude, das alles schwingt in diesem Lesungstext mit, wenn wir ihn in der Perspektive des heutigen Sonntags Laetare lesen. Fangen wir an mit dem Abschied von der Wüstendiät, leisten wir uns das echte Brot des Lebens im heiligen Meßopfer, lernen wir, was es heißt, jeden Sonntag Ostern (Pascha) zu feiern! Der Gottesdienst am Sonntag ist die Feier der Auferstehung, in der wir zum ewigen Leben befreit sind. Wie am Anfang der Landnahme das Paschafest steht, so steht die Feier der Euchari-

stie am Anfang einer jeden neuen Woche unseres Lebens. Jeden Sonntag Ostern feiern, heißt die Auferstehung, die Verheißung des ewigen Lebens in den Alltag unseres Lebens holen und so diesen Alltag zu überwinden. Die Verheißungen Gottes im heiligen Meßopfer erleben, aus der Kraft der Erinnerung an die Heilstaten Gottes die Gegenwart gestalten und die Zukunft im Himmel gewinnen. Der Sonntag der Freude kann uns zeigen, daß diese Zukunft schon begonnen hat, denn wir dürfen jetzt schon von den Früchten des Landes leben, das uns allen verheißen ist. Die goldene Rose wartet auch auf uns. Introitus der Messe zum 4. Fastensonntag: Freue dich, Stadt Jerusalem! Seid fröhlich zusammen mit ihr, alle, die ihr traurig wart. Freut euch und trinkt euch satt an der Quelle göttlicher Tröstung (vgl. Jes 66,10–11)!

„Dienstweg“ zum Kreuz

Joh 12,20–33

In jener Zeit traten einige Griechen, die beim Osterfest in Jerusalem Gott anbeten wollten, an Philippus heran, der aus Bethsaida in Galiläa stammte, und sagten zu ihm: Herr, wir möchten Jesus sehen. Philippus ging und sagte es Andreas; Andreas und Philippus gingen und sagten es Jesus.
Jesus aber antwortete ihnen: Die Stunde ist gekommen, daß der Menschensohn verherrlicht wird. Amen, amen, ich sage euch: Wenn das Weizenkorn nicht in die Erde fällt und stirbt, bleibt es allein; wenn es aber stirbt, bringt es reiche Frucht. Wer an seinem Leben hängt, verliert es; wer aber sein Leben in dieser Welt geringachtet, wird es bewahren bis ins ewige Leben. Wenn einer mir dienen will, folge er mir nach; und wo ich bin, dort wird auch mein Diener sein. Wenn einer mir dient, wird der Vater ihn ehren.
Jetzt ist meine Seele erschüttert. Was soll ich sagen: Vater, rette mich aus dieser Stunde? Aber deshalb bin ich in diese Stunde gekommen. Vater, verherrliche deinen Namen!
Da kam eine Stimme vom Himmel: Ich habe ihn schon verherrlicht und werde ihn wieder verherrlichen.

Die Menge, die dabeistand und das hörte, sagte: Es hat gedonnert. Andere sagten: Ein Engel hat zu ihm geredet.
Jesus antwortete und sagte: Nicht mir galt diese Stimme, sondern euch. Jetzt wird Gericht gehalten über diese Welt; jetzt wird der Herrscher dieser Welt hinausgeworfen werden. Und ich, wenn ich über die Erde erhöht bin, werde alle zu mir ziehen.
Das sagte er, um anzudeuten, auf welche Weise er sterben werde.

DIE EVANGELIEN SIND in der Gemeinschaft der Kirche entstanden. Aus der Mitte des kirchlichen Lebens haben die biblischen Autoren unter der direkten Mithilfe des Heiligen Geistes die Geschichte des menschgewordenen Gottessohnes ins menschliche Wort gesetzt; die Gemeinschaft der Kirche war es denn auch, die schließlich in einem intensiven Verständnisprozeß die heiligen Schriften als authentisch erkannte, das heißt, sie als von dem gleichen Geist beseelt erkannte, der auch ihr Lebensprinzip ist. So wundert es nicht, wenn uns in den Evangelien die Kirche auf vielfältige Weise begegnet.
Auch das heutige Tagesevangelium führt uns zum Geheimnis der Kirche: Da sind einmal die Griechen, Heiden, die den Herrn sehen wollen. Sie stürmen nicht direkt zu Jesus, sondern sie

fragen erst einmal vorsichtig bei Philippus an. Philippus will die Angelegenheit nicht allein entscheiden, er fragt den Andreas und beide fragen dann zusammen den Herrn. Hier leuchtet schon das Bild der nachösterlichen Kirche aus Juden und Heiden auf, hier wird aber auch deutlich, daß der Zugang zu Jesus – wenigstens in der Regel – über den Jüngerkreis führt. Über die Kirche gelangt man zu Jesus. Unser Tagesevangelium zeigt uns hier einen kleinen biblischen „Dienstweg". „Jesus ja, Kirche nein", dieser Slogan ist mit dem Johannesevangelium jedenfalls nicht vereinbar – mit den anderen Evangelien übrigens auch nicht.

Die Antwort Jesu zielt ebenfalls schon über den aktuellen Zeitrahmen hinaus. Er spricht von seiner Verherrlichung und nennt als Bedingung der Nachfolge, als Kriterium für die Gemeinschaft mit ihm, das „Weizenkornkriterium", im letzten die Bereitschaft, den Tod auf sich zu nehmen. Man kann sein Leben an das Leben verlieren und man kann das Leben durch den Tod gewinnen. Ziel des Lebens in der Perspektive Jesu ist die Verherrlichung des Vaters. Das Programm, das Jesus hier mit wenigen Worten skizziert und in Tod und Auferstehung für die Jünger dann sehr konkret erfahrbar werden läßt, ist auch im Leben der Kirche Wirklichkeit geworden. Wieviele Menschen, wie zum Beispiel der heilige Ignatius von Antiochien, sind tatsächlich mit unserem Schriftwort in den Tod für Christus gegangen! „Alles zur größeren Ehre Gottes“ war das Motto der Gesellschaft Jesu, einer der erfolgreichsten Ordensgemeinschaften der Geschichte, deren Gründer, der heilige Ignatius, sich intensiv mit dem Leben des heiligen Ignatius von Antiochien beschäftigt hatte.

Die Verherrlichung Jesu, sein Tod, ist das Gericht über die Welt. Die Zeit des Herrschers dieser Welt ist endgültig abgelaufen. Es beginnt die Zeit der Gemeinschaft aller, die der Herr an sich zieht. In der Todesstunde des Kreuzes zieht der Herr alle an sich und bildet so die Gemeinschaft der Kirche, die sich immer wieder des Kreuzesopfers vergegenwärtigt und sich damit in der Kraft ihres Ursprungs täglich erneuert.

Im Johanneischen Ausdruck „Verherrlichung“ klingt die Kirche als im Kreuzesopfer und durch das Kreuzesopfer entstandene Gemeinschaft immer schon mit. „Christus ist die Mitte, um die die Menschen zur ‚Familie Gottes‘ gesammelt werden. Er ruft sie zu sich durch sein Wort, durch seine Zeichen, die das Reich Gottes bekunden, und durch die Sendung seiner Jünger. Herbeiführen wird er sein Reich vor allem durch das große Mysterium seines Paschas: seinen Tod am Kreuz und seine Auferstehung. ‚Und ich, wenn ich über die Erde erhöht bin, werde alle zu mir ziehen‘ (Joh 12,32). Zu dieser Vereinigung mit Christus sind alle Menschen berufen“ (Katechismus der Katholischen Kirche, Nr. 542).

In der Verheißung des Herrn, daß Gericht gehalten wird über diese Welt und daß der Herrscher dieser Welt hinausgeworfen wird, gründet im letzten jedwede Hoffnung.

Ziel und Zentrum des gesamten kirchlichen Lebens soll die Verherrlichung Gottes sein, daran sind Pastoralpläne und -initiativen zu messen, damit ist aber auch der Maßstab für unsere persönliche Frömmigkeit aufgezeigt: „Alles zur größeren Ehre Gottes“.

Heilig, weil leer!

Joh 20,1–9

Am ersten Tag der Woche kam Maria von Magdala frühmorgens, als es noch dunkel war, zum Grab und sah, daß der Stein vom Grab weggenommen war. Da lief sie schnell zu Simon Petrus und dem Jünger, den Jesus liebte, und sagte zu ihnen: Man hat den Herrn aus dem Grab weggenommen, und wir wissen nicht, wohin man ihn gelegt hat.

Da gingen Petrus und der andere Jünger hinaus und kamen zum Grab; sie liefen beide zusammen dorthin, aber weil der andere Jünger schneller war als Petrus, kam er als erster ans Grab. Er beugte sich vor und sah die Leinenbinden liegen, ging aber nicht hinein.

Da kam auch Simon Petrus, der ihm gefolgt war, und ging in das Grab hinein. Er sah die Leinenbinden liegen und das Schweißtuch, das auf dem Kopf Jesu gelegen hatte; es lag aber nicht bei den Leinenbinden, sondern zusammengebunden daneben an einer besonderen Stelle.

Da ging auch der andere Jünger, der zuerst an das Grab gekommen war, hinein; er sah und glaubte. Denn sie wußten noch nicht aus der Schrift, daß er von den Toten auferstehen mußte.

In fast allen deutschen Bischofsstädten sind sie am Fronleichnamstag bei der großen Prozession nicht zu übersehen, direkt hinter dem Allerheiligsten gehen sie in ihren langen Ordensmänteln: die Frauen und Männer des Ritterordens vom Heiligen Grab zu Jerusalem. Ihr Zug könnte das heutige Evangelium illustrieren, die Frauen gehen nämlich zuerst – „frühmorgens, als es noch dunkel war". Ihre schwarzen Ordensmäntel bezeugen die Dunkelheit, in der sie zum Grab gingen, aber auch ihre Treue durch alle dunkle Trauer hindurch. Und tatsächlich sind sie die ersten am Grab, „als es noch dunkel war". Die Frauen – stellvertretend für die ganze Gruppe ist hier nur Maria Magdalena genannt – melden ihre Entdeckung den Aposteln; und es ist eine dramatische Entdeckung, die sie zu melden haben, sozusagen ein Fall für den Staatsanwalt.

Denn seit Kaiser Tiberius, vielleicht aber auch schon seit Augustus, stand auf Grabschändung (crimen sepulcris) die Todesstrafe. Petrus und Johannes laufen dann auch sofort zum Grab, jetzt ist es hell, die Mäntel der Grabesritter leuchten so weiß wie der Morgen, so weiß wie auch die Tücher, die Petrus im Grab findet, Petrus inspiziert nämlich als erster das leere Grab. Unser Evangelium bietet heute das Protokoll dieser Inspektion des „Tatortes“ der Auferstehung. Das Grab ist leer, daß heißt die Leiche fehlt. Weil das Grab leer ist, ist es heilig, das bezeugt auch der Ritterorden vom Heiligen Grab, er ist eben keine Bruderschaft von Friedhofswärtern.

Das leere Grab war „für alle ein entscheidend wichtiges Zeichen, und seine Entdeckung durch die Jünger der erste Schritt zu der Einsicht, daß Christus tatsächlich auferstanden ist“ – so der Katechismus der Katholischen Kirche (KKK) Nr. 640. Die Erfahrung des leeren Grabes ist die Vorbereitung „auf die Begegnung mit dem Auferstandenen“ (KKK 657). Deshalb ist das leere Grab auch so wichtig, und deshalb hat es von Anfang an die wildesten Krimis gegeben, um die Leere des Grabes natürlich zu erklären.

Schon Tertullian, der erste lateinische Kirchenschriftsteller und ausgebildete Jurist, macht sich lustig über diese Erklärungsversuche (De spectaculis 30, ca. 197 bis 202 n. Chr.). „Verhegelte“ Theologiegehirne behaupten einfach: „Legenden sind die Geschichten vom leeren Grab“ (Rudolf Bultmann 1961). Der Weg zum leeren Grab ist der Weg zum Glauben an den Auferstandenen, näherhin zum Glauben daran, daß derjenige, den die Jünger als den Auferstandenen wahrnehmen, identisch ist mit dem, den sie als übel zugerichtete Leiche im Grab wußten.

Deswegen haben alle, die mit der wirklichen Menschheit Jesu Probleme haben, die Theologiegeschichte spricht von Doketisten, auch Probleme mit dem leeren Grab. Der vielleicht größte evangelische Theologe des 20. Jahrhunderts, Karl Barth, hat es auf den Punkt gebracht: „Wer sie (die Überlieferung vom leeren Grab) streichen will, sehe – wie bei der Jungfrauengeburt! – zu, wie er dem Doketismus entrinne!"

Das fünffache Kreuz der Ritter vom Heiligen Grab symbolisiert die fünf Wunden Christi und damit seine Identität. Identifiziert sich doch der Auferstandene selbst gegenüber seinen Jüngern mit diesen fünf Wunden! Das Grab ist heilig, wie es leer ist, deshalb betet auch die byzantinische Liturgie nach dem Cherubshymnus in der heiligen Messe: „Als Spender des Lebens, ganz gewiß herrlicher als das Paradies, strahlender als jeder königliche Palast, so erscheint uns, Christus, dein Grab, die Quelle unserer Auferstehung."

Das Grab ist wirklich leer, und weil es leer ist, ist es Quelle unserer Auferstehung, echtes Glaubwürdigkeits-, ja Glaubensmotiv. Ganz einfach drückte es Joachim Kardinal Meisner aus: „Das Evangelium ist seit Ostern nicht mehr unter die Erde zu bringen!"

Initialzündung des Glaubens

Joh 20,1–9

Am ersten Tag der Woche kam Maria von Magdala frühmorgens, als es noch dunkel war, zum Grab und sah, daß der Stein vom Grab weggenommen war. Da lief sie schnell zu Simon Petrus und dem Jünger, den Jesus liebte, und sagte zu ihnen: Man hat den Herrn aus dem Grab weggenommen, und wir wissen nicht, wohin man ihn gelegt hat.
Da gingen Petrus und der andere Jünger hinaus und kamen zum Grab; sie liefen beide zusammen dorthin, aber weil der andere Jünger schneller war als Petrus, kam er als erster ans Grab. Er beugte sich vor und sah die Leinenbinden liegen, ging aber nicht hinein.
Da kam auch Simon Petrus, der ihm gefolgt war, und ging in das Grab hinein. Er sah die Leinenbinden liegen und das Schweißtuch, das auf dem Kopf Jesu gelegen hatte; es lag aber nicht bei den Leinenbinden, sondern zusammengebunden daneben an einer besonderen Stelle.
Da ging auch der andere Jünger, der zuerst an das Grab gekommen war, hinein; er sah und glaubte. Denn sie wußten noch nicht aus der Schrift, daß er von den Toten auferstehen mußte.

„Wer zuerst kommt, mahlt zuerst!" Wir alle kennen dieses Sprichwort und haben es schon zitiert, besonders dann, wenn wir tatsächlich irgendwo als erste angekommen sind. Vor dem leeren Grab im Johannesevangelium hat dieses „Rechtssprichwort", das Schwaben- und Sachsenspiegel ebenso kennen wie Aventins Bayerische Chronik, ganz offensichtlich keine Geltung.

Johannes, der Lieblingsjünger, bricht gemeinsam mit Petrus auf, kommt aber vor diesem an; Johannes, der Jüngere, der Schnellere, der Klügere, wohl auch derjenige mit der – wie wir heute sagen würden – intensiveren und direkteren Christusbeziehung, nutzt seinen Vorsprung aber nicht, er wartet vielmehr auf den älteren, langsameren und behäbigeren Petrus, denn Petrus hat die Autorität des Ersten der Apostel, er hat das Amt, er ist der Chef. Und das Charisma wartet auf das Amt, tritt hinter diesem zurück. So wird am Ursprungstag des Osterglaubens schon etwas von der Ordnung der Kirche spürbar.

Petrus betritt nun das Grab, es folgt eine regelrechte „Grabinspektion" mit Tatsachenfeststellung und Befunderhebung: Das Grab ist leer und aufgeräumt; Leinentücher und das getrennt davon liegende Schweißtuch, sozusagen die

„Reliquien" der Auferstehung, werden mit besonderer Sorgfalt erwähnt. Die Befunderhebung und Tatsachenfeststellung in der „Grabinspektion" führen bei Johannes zum Glauben; auch hier ist er der Schnellere. Johannes kommt angesichts des leeren Grabes und der „Reliquien" der Auferstehung zum Osterglauben – noch vor den Erscheinungen des auferstandenen Herrn.
Das leere Grab als Initialzündung des Osterglaubens! Der Bericht des Johannesevangeliums zeigt uns die Bedeutung des leeren Grabes, die überaus exakte Bechreibung von Leinentüchern und Schweißtuch soll darüber hinaus wohl auch die Anschuldigung, der Leichnam Jesu sei gestohlen oder von seinen eigenen Anhängern entfernt worden, widerlegen, denn Grabräuber – aus welchen Motiven auch immer – hätten wohl kaum, wie schon die Kirchenväter bemerkt haben, die Tücher liegengelassen, sondern den Leichnam, so wie er im Grab war, entfernt. Die Erzählung des Johannes dementiert und korrigiert durch ihre nüchterne Faktenaufzählung so schon die ersten, frühen Versuche, die Auferstehung zu leugnen.
Darüber hinaus kann man sich an die Auferweckung des Lazarus, die ebenfalls im Evangelium des Johannes erzählt wird (Joh 11,1–44), erinnert fühlen: Nach der Auferweckung tritt der

Tote aus dem Grab heraus, „Füße und Hände in Binden gewickelt, und sein Gesicht war mit einem Schweißtuch umbunden" (Joh 11,44a). Der auferweckte Tote kann sich nicht selbst von Binden und Schweißtuch befreien, dazu bedarf es noch des besonderen Auftrags Jesu an die Umstehenden: „Bindet ihn los und laßt ihn gehen!" (Joh 11,44b). Die Leinentücher und Binden könnten uns auch bezeugen, daß die Auferstehung Jesu jede „normale" Totenerweckung weit hinter sich läßt. Auch so kann deutlich werden, daß die Auferstehung als Ereignis in der Geschichte, die Geschichte letztlich übersteigt.
Vielleicht klingt das alles ein wenig nüchtern: Amt und Charisma, „Grabinspektion" und Befunderhebung, Tatsachenfeststellung und „Reliquien", Leinentücher und Schweißtuch. Aber der Osterglaube ist eben keine reine Gefühlsangelegenheit. Immer wieder gibt es die Versuchung, Glaube in Gefühlsreligion aufzulösen. Unser Glaube aber – und das zeigt auch und gerade das heutige Evangelium – ist konkret und „alltäglich", das heißt: Er muß sich für jeden Tag neu bewähren. Unser Glaube übersteigt die Vernunft, aber er ist nicht unvernünftig. Er kann „kleine" Tatsachen des Alltags zum Ausgangspunkt haben und muß, wenn er wirklich lebendig sein soll, unseren Alltag prägen. So kann der

Osterglaube an den Auferstandenen die alltägliche Erfahrung des Todes und auch die Angst vor dem eigenen Tod überwinden.
Der Osterbericht des Johannes bietet weder eine Reality-Show noch eine Science-fiction-Erzählung, ist keine Legende und auch kein Produkt von Enthüllungsjournalismus oder religiösem Info-Entertainment, sondern verbindlicher Ausdruck beglückenden Osterglaubens, der anläßlich konkreter und historischer Einzelheiten gnadenhaft geschenkt wird.

Rom und das „Pfingsten der Heiden“

Apg 10,25–26.34–35.44–48

Als Petrus in Cäsarea beim Hauptmann Kornelius ankam, ging ihm dieser entgegen und warf sich ehrfürchtig vor ihm nieder. Petrus aber richtete ihn auf und sagte: Steh auf! Auch ich bin nur ein Mensch.
Dann begann Petrus zu reden und sagte: Wahrhaftig, jetzt begreife ich, daß Gott nicht auf die Person sieht, sondern daß ihm in jedem Volk willkommen ist, wer ihn fürchtet und tut, was recht ist.
Noch während Petrus redete, kam der Heilige Geist auf alle herab, die das Wort hörten. Die gläubig gewordenen Juden, die mit Petrus gekommen waren, konnten es nicht fassen, daß auch auf die Heiden die Gabe des Heiligen Geistes ausgegossen wurde. Denn sie hörten sie in Zungen reden und Gott preisen.
Petrus aber sagte: Kann jemand denen das Wasser zur Taufe verweigern, die ebenso wie wir den Heiligen Geist empfangen haben? Und er ordnete an, sie im Namen Jesu Christi zu taufen. Danach baten sie ihn, einige Tage zu bleiben.

Die Moderne kennt in der bildenden Kunst ebenso wie in der Literatur die Collage. Mit diesem Ausdruck wird ein Kunstwerk bezeichnet, das, aus vorgefertigten Elementen zusammengesetzt, eine neue Aussage vermittelt. Die erste Lesung des heutigen Sonntags ist auch eine Collage, ein Text, zusammengesetzt aus dem 10. Kapitel der Apostelgeschichte, das wiederum in einer größeren Einheit (Apg 10,1–11, 18) gelesen werden muß.

Unser Lesungstext schildert die Begegnung des heiligen Petrus mit einem römischen Offizier, der schon in Apg 10,1–2 „als fromm und gottesfürchtig" geschildert worden ist. Kornelius war Zenturio, bekleidete also einen Offiziersrang, der aus den Mannschaftsdienstgraden hervorgegangen war. Einen solchen Rang konnte man nicht kaufen, ein solcher Rang wurde auch nicht ehrenhalber verliehen, ein solcher Rang konnte nur durch Tüchtigkeit und Leistung erworben werden. Die Zenturionen waren das Rückgrat einer römischen Legion. Und wenn Lukas den Kornelius als „fromm und gottesfürchtig" schildert, dann sehen wir einen Mann vor uns, der es nicht nur in seinem Beruf zu etwas gebracht hat, sondern ganz offensichtlich auch einen Mann, der fähig war, die durch Herkunft und Erziehung vermittelten Denkhorizonte zu über-

schreiten. Er war aus der heidnischen Vielgötterei heraus zum Sympathisanten Israels und seiner auf einen einzigen Gott ausgerichteten Religion geworden.
Die Begegnung, von der unsere Collage erzählt, ist wiederum nicht zufällig, sondern durch himmlische Visionen an Kornelius (Apg 10,3–6) und Petrus (Apg 10,11–16.19–20) genau vorbereitet, deswegen begrüßt Kornelius auch den Petrus kniefällig, ist er ihm doch von Gott sozusagen direkt ins Haus geschickt worden. Unsere Collage schildert dann das „Pfingsten der Heiden" (W. Dietrich). Die junge, überschaubare judenchristliche Gemeinschaft beginnt Weltkirche zu werden. Und dieser Beginn ereignet sich in der Stadt Cäsarea, dem römischen Verwaltungszentrum, das zu Ehren des Kaisers Augustus erbaut worden ist. Und der erste getaufte Heide ist ein römischer Offizier; so liegt auf dem „Pfingsten der Heiden" ein römischer Akzent. Petrus, der einmal in Rom leben und sterben wird, erteilt hier den Taufbefehl, er tauft nicht selbst, er ordnet die Taufspendung an: vielleicht ein Hinweis auf die doch schon sehr differenzierte Ämterstruktur der jungen Kirche.
Die Collage aus der Apostelgeschichte, die uns als Lesung des sechsten Sonntags nach Ostern angeboten wird, zeigt die Öffnung der jungen

Kirche für alle. Alle Menschen sind zum Heil in Jesus Christus berufen; diese Öffnung wird, vorbereitet durch Gott selbst, von Petrus, dem ersten Papst, durchgeführt, und seitdem sind die Päpste Garanten der Universalität der Kirche.

Kein Ritt auf dem Pfingstochsen!

1 Kor 12,3b–7.12–13

Brüder! Keiner kann sagen: Jesus ist der Herr!, wenn er nicht aus dem Heiligen Geist redet.
Es gibt verschiedene Gnadengaben, aber nur den einen Geist. Es gibt verschiedene Dienste, aber nur den einen Herrn. Es gibt verschiedene Kräfte, die wirken, aber nur den einen Gott: Er bewirkt alles in allen. Jedem aber wird die Offenbarung des Geistes geschenkt, damit sie anderen nützt.
Denn wie der Leib eine Einheit ist, doch viele Glieder hat, alle Glieder des Leibes aber, obgleich es viele sind, einen einzigen Leib bilden: so ist es auch mit Christus. Durch den einen Geist wurden wir in der Taufe alle in einen einzigen Leib aufgenommen, Juden und Griechen, Sklaven und Freie; und alle wurden wir mit dem einen Geist getränkt.

Wenn Walt Disney das Kirchenjahr verfilmen würde, dann gäbe es vielleicht eine Szene, in der der Weihnachtsmann auf dem Pfingstochsen zur Osterhasenjagd reitet. Für viele Menschen reduzieren sich die Festgeheimnisse des

Kirchenjahres tatsächlich auf solche oder ähnliche Szenen.

Allerdings hat der Pfingstochse längst nicht die Popularität von Weihnachtsmann oder Osterhase erreicht, ja das Pfingstfest konnte sich bisher einer Verweltlichung weitgehend entziehen. So bleibt es das Fest unter den großen Festen des Kirchenjahres, das noch am deutlichsten vom Glauben geprägt ist. Dennoch ist der eigentliche Festgegenstand des Pfingstfestes merkwürdig unbestimmt. Es ist jedenfalls nicht nur der Heilige Geist. Die großen Feste sind nicht Feste einer göttlichen Person, sondern lebendige Erinnerungen an bestimmte Heilsereignisse.

Es geht nicht um eine göttliche Person, sondern um das Handeln einer göttlichen Person, und so gehören zum Pfingstereignis zwei: der Heilige Geist und die Kirche. Am fünfzigsten Tag nach Ostern erwacht die Kirche in der Geschichte. Durch die Herabkunft des Heiligen Geistes wurde die junge Kirche sich ihrer selbst und ihrer Mission so intensiv bewußt, daß es durchaus sinnvoll ist, heute vom Geburtstag der Kirche zu sprechen.

Die Selbstwerdung der Kirche durch den Heiligen Geist ist der Inhalt des Pfingstfestes, und dieser Inhalt ist auch die Schwierigkeit. Welcher

Theologe würde heute noch wie der große Matthias Joseph Scheeben von der Kirche „als einer Art Inkarnation des Heiligen Geistes" reden, oder die Kirche gar als „Pfingstwunder in Permanenz" bezeichnen, wie es der berühmte Tübinger Karl Adam getan hat?

Und doch haben diese Theologen den Nagel auf den Kopf getroffen. Pfingsten, das ist nicht nur das Fest des Heiligen Geistes, sondern weil es das Fest des Heiligen Geistes ist, ist es auch, und zwar in ganz besonderer Weise, das Fest der Kirche.

Alle drei Lesungen des heutigen Pfingstsonntags zeigen das Handeln des Heiligen Geistes in und an der jungen Kirche. In der Lesung aus dem ersten Korintherbrief nennt der heilige Paulus ganz deutlich das Kriterium für jede Geistsendung. Es ist der Glaube an den Herrn Jesus Christ. Der Satz „Jesus ist der Herr" ist das entscheidende Kriterium für jede Geistsendung. Unsere Lesung aus dem Korintherbrief zeigt das Zusammenspiel von hierarchischen und charismatischen Gaben.

Ekstase und Enthusiasmus sind noch keine Werte an sich. Es kommt auf den Inhalt an, und dieser Inhalt muß sich messen lassen an dem Satz: „Jesus ist der Herr." Die Gnadengaben in der Kirche haben die gleiche Quelle und das gleiche Ziel. Sie dürfen nicht gegeneinander ausgespielt werden, wie es in der Geschichte der Kirche so häufig versucht wurde.

Pfingsten ist auch das Fest der Liebe zur Kirche und zwar der Liebe zu konkreten Kirche, denn vom Heiligen Geist gilt: „Er führt die Kirche in alle Wahrheit ein (vgl. Joh 16,13), eint sie in Gemeinschaft und Dienstleistung, bereitet und lenkt sie durch die verschiedenen hierarchischen und charismatischen Gaben und schmückt sie mit seinen Früchten (vgl. Eph 4,11–12; 1 Kor 12,4; Gal 5,22)“, so sagt es das II. Vatikanische Konzil in seiner Kirchenkonstitution „Lumen gentium“ (Nr. 4) und führt dabei auch einen Vers aus unserer Lesung als Beleg an.

Tatsächlich: Das Kirchenjahr steht unter der Regie des Heiligen Geistes, und heute ist der Feiertag seines Handelns an dieser Kirche. Der heutige Tag sollte auch ein Tag des Dankes sein, ein Tag des Dankes für die Berufung in seine Kirche.

Kein Berggeflüster!

Mt 28,16–20

In jener Zeit gingen die elf Jünger nach Galiläa auf den Berg, den Jesus ihnen genannt hatte. Und als sie Jesus sahen, fielen sie vor ihm nieder. Einige aber hatten Zweifel.
Da trat Jesus auf sie zu und sagte zu ihnen: Mir ist alle Macht gegeben im Himmel und auf der Erde. Darum geht zu allen Völkern, und macht alle Menschen zu meinen Jüngern; tauft sie auf den Namen des Vaters und des Sohnes und des Heiligen Geistes, und lehrt sie, alles zu befolgen, was ich euch geboten habe.
Seid gewiß: Ich bin bei euch alle Tage bis zum Ende der Welt.

Berge als Orte religiöser Erfahrung sind auch dem kirchen- und glaubensfernen modernen Menschen durchaus nachvollziehbar. Die Majestät der Berge beeindruckt. Der Berg ruft immer noch. Weitab von alpiner Landschaftsromantik sind im Alten wie im Neuen Bund die Berge privilegierte Orte der Gotteserfahrung und -erscheinung. So erscheint die Begegnung mit dem Auferstandenen auf einem Berg als etwas ganz Selbstverständliches. Auf einem Berg hatte der Herr die Seligpreisungen verkündet. Auf einem Berg war er verklärt erschienen. Als Auferstandener und Erhöhter begegnet der Herr seinen Jüngern nun auch wieder auf einem Berg. Die Majestät der Berge unterstreicht die Majestät Gottes. Unsere Perikope ist in Szenario und Sprache dem Alten Testament sehr nahe. Der erhöhte Herr teilt seinem engsten Jüngerkreis in knapper und präziser Sprache seine Vollmacht, seinen Auftrag und seine Verheißung mit.

Jesus hat teil an der Schöpfermacht des Vaters. Seine Macht ist universal und kennt keine Grenzen. Im alten Rechtsbegriff der „Vollmacht" leuchtet die Gestalt von Christus als Pantokrator, wie wir sie aus vielen Ikonen kennen, auf. Die Macht, ja man kann sagen die Allmacht des Auferstandenen legitimiert den folgenden Auftrag an die Elf. Dieser Auftrag ist viergliedrig: Die Jünger sollen hinausgehen, die Enge eines Volkes verlassen, die Grenzen einer Rasse sprengen, Barrieren der Sprache überwinden, das ist die Voraussetzung für den zentralen Auftrag, nämlich, die Menschen zu Jüngern zu machen. Jünger wird man nur durch Taufe und Belehrung. Der Taufbefehl des erhöhten Herrn ist eindeutig, klar und universal. Letztes Ziel des Gehens der Jünger zu allen Völkern ist also nicht ein – wie auch immer gearteter – Dialog, sondern die Jüngerschaft derjenigen, zu denen die Sendung erfolgte. Und die, die durch die Taufe Jünger geworden sind, bedürfen der Lehre.

Diese Lehre hat umfassend zu sein, das heißt: Es gibt kein Auswahlchristentum, genausowenig, wie es den Teilzeitjünger gibt. Der Lehrbefehl „lehrt sie alles halten“ ist bleibende Mahnung für alle Christen, nicht nur für die beauftragten Lehrer.

Der Vollmachtserklärung Jesu und seinem Auftrag an die Jünger schließt sich ein Versprechen an: das Versprechen seiner Gegenwart bis ans Ende der Welt. Auch dieses Versprechen ist wieder restlos, total und ohne Ausnahme: „Alle Tage bis ans Ende der Welt“.

Im Rückblick auf unsere Perikope fällt das Wörtchen „alle“ ganz besonders auf: „alle Vollmacht“, „alle Völker“, „alles zu halten“ und „alle Tage“.

Jesu Wort will umfassend, ja total sein. Es ist ein Wort ohne Ausnahme, keine Macht, die nicht in seiner Vollmacht eingeschlossen wäre, kein Volk soll ohne Taufe bleiben, keine Wahrheit, die in der Verkündigung unter den Tisch fallen könnte. Kein Tag ohne seine Gegenwart.

Kein unverbindliches Berggeflüster also, sondern radikaler und totaler Anspruch des erhöhten Herrn in seiner absoluten Macht.

Im letzten geht es Matthäus in dieser Perikope um den Aufbau der Kirche, um die dauerhafte Angewiesenheit dieser Kirche auf Jesus Christus den Erhöhten. Die Kirche muß diese Angewiesenheit immer aufs neue deutlich leben. Wer von Christus spricht, kann dann von der Kirche nicht mehr schweigen.

Es gibt keine Emanzipation von der Gegenwart Christi. Es gibt keine Ausnahmen von Jesu Wort, und es gibt keine weißen Flecken auf den Missionskarten der Kirche. Und die Vollmacht unseres Herrn Jesus Christus ist restlos, absolut und total, denn Christus ist der „Allherrscher“.

Gotteslob und Einkehr beim Adler

Ex 19,2–6a

In jenen Tagen kamen die Israeliten in die Wüste Sinai. Sie schlugen in der Wüste das Lager auf. Dort lagerte Israel gegenüber dem Berg.
Mose stieg zu Gott hinauf. Da rief ihm der Herr vom Berg her zu: Das sollst du dem Haus Jakob sagen und den Israeliten verkünden: Ihr habt gesehen, was ich den Ägyptern angetan habe, wie ich euch auf Adlerflügeln getragen und hierher zu mir gebracht habe.
Jetzt aber, wenn ihr auf meine Stimme hört und meinen Bund haltet, werdet ihr unter allen Völkern mein besonderes Eigentum sein. Mir gehört die ganze Erde, ihr aber sollt mir als ein Reich von Priestern und als ein heiliges Volk gehören.

Der Adler hat längst seinen festen Platz auf der Liste der bedrohten Tierarten gefunden. Das beliebte Wappentier, das Kraft und Stärke auf unzähligen Siegeln, Wappen und Hoheitszeichen symbolisiert, kämpft längst selbst ums Überleben. In der freien Wildbahn wird uns der Adler selbst in den Gegenden, in denen er eigentlich beheimatet ist, wohl kaum noch begegnen. Am häufigsten treffen wir den Adler im Namen von Gasthäusern und auf den entsprechenden Gasthausschildern. Fast jedes schwäbische Dorf hat einen Gasthof „Zum Adler“ oder gar zum „Schwarzen Adler“ als wehmütige Erinnerung an den Reichsadler des längst versunkenen alten Reiches.

Der Adler, der so eine großartige Karriere als Wappen – und damit auch als Wirtshaustier – gemacht hat, ist aber vor allem ein biblisches Tier. Häufig wird er im Alten Testament erwähnt; seine scharfen Augen, sein schneller Flug, seine Kraft, seine Stärke, aber auch seine imponierende Größe sichern ihm immer wieder die Aufmerksamkeit biblischer Autoren.

In der ersten Lesung des heutigen Sonntags, die dem zweiten Buch des Alten Testamentes entnommen ist, wird auf eine andere, liebenswerte Eigenschaft des Adlers, die sicherlich bei seiner Karriere als Wappentier nicht im Vordergrund stand, besonders angespielt: auf die sorgfältige und liebevolle Aufzucht der jungen durch die alten Adler. Deutlich wird dieser liebenswerte Zug des Adlers, wenn er ein flugschwach gewordenes Junges mit seinen starken Fittichen aufnimmt und zurück ins Nest trägt. Im Buche Deuteronomium wird dieses Bild näher entfaltet: „Einem Adler gleich, der sein Nest stört und über seinen Jungen schwebt. Breitet er aus seine Schwingen, nimmt es auf, auf seinen Fittichen trägt er es“ (Dtn 32,11).

Dieses biblische Bild hat der pietistische Liederdichter Joachim Neander (1650–1680) in der zweiten Strophe seines wunderschönen Liedes „Lobe den Herren, den mächtigen König der Ehren“ (GL 258) aufgegriffen:

„Lobe den Herren, der alles so herrlich regieret,
der dich auf Adelers Fittichen sicher geführet,
der dich erhält, wie es dir selber gefällt.
Hast du nicht dieses verspüret?“

Dieses, uns allen wohlbekannte Kirchenlied geht also direkt auf die Heilige Schrift zurück. Gott, unser Gott ist ein Gott, der schützt und beschützt, wie gerade das Gottesvolk des Alten Bundes beim Auszug aus Ägypten auf wunderbare Weise erfahren durfte. In unserer heutigen Lesung erinnert Gott sein Volk an den Schutz, den er gewährt hat, und er tut das mit dem Bild des Adlers. Gott schützt uns, selbst wenn wir aus dem Nest fallen oder gestoßen werden, wie die jungen Adler fängt er uns auf. Haben wir das in unserem Leben nicht tatsächlich schon verspürt? Gott fängt uns auf. Gott läßt uns nicht ins Bodenlose fallen. Leben im bewußten Vertrauen auf Gottes Schutz, Leben aus der Erfahrung des göttlichen Schutzes muß sich in Lob und Dank ausdrücken, denn wir alle haben immer wieder Grund genug, uns des göttlichen Schutzes zu erinnern und zu versichern. Dabei können uns sogar die Adler helfen, auch die auf Wirtshausschildern; denn eine Einkehr beim „Adler“ kann zum dankbaren Gotteslob werden, wenn das biblische Bild vom Adler in unserer Erinnerung lebendig wird und wir im Tischgebet loben und danken!

Ein Zuhause für die Zukunft

Jes 66,10–14c

Freut euch mit Jerusalem! Jubelt in der Stadt, alle, die ihr sie liebt. Seid fröhlich mit ihr, alle, die ihr über sie traurig wart. Saugt euch satt an ihrer tröstenden Brust, trinkt und labt euch an ihrem mütterlichen Reichtum! Denn so spricht der Herr: Seht her: Wie einen Strom leite ich den Frieden zu ihr und den Reichtum der Völker wie einen rauschenden Bach. Ihre Kinder wird man auf den Armen tragen und auf den Knien schaukeln. Wie eine Mutter ihren Sohn tröstet, so tröste ich euch; in Jerusalem findet ihr Trost. Wenn ihr das seht, wird euer Herz sich freuen, und ihr werdet aufblühen wie frisches Gras. So offenbart sich die Hand des Herrn an seinen Knechten.

Angst vor der Zukunft beeinträchtigt die Lebensqualität der Gegenwart. Je besser unsere Erwartungen für die Zukunft sind, um so erträglicher wird auch die Gegenwart.
Häufig genug wird die Gegenwart nur durch die Zukunft erträglich. Gute Werbung verbindet mit dem Kaufanreiz für die Gegenwart immer ein

Versprechen für die Zukunft: „Wir geben Ihrer Zukunft ein Zuhause". Die heutige Lesung aus dem Propheten Jesaja – die Schriftgelehrten unserer Tage legen zumeist Wert darauf, daß es der sogenannte „Trito"-Jesaja ist, d. h. der dritte Prophet, der unter dem Namen Jesaja schreibt – ist ein Heilswort, das in eine dunkle Gegenwart gesprochen ist. Die frühnachexilische Zeit des ausgehenden 6. Jahrhunderts ist vor allem durch geplatzte Hoffnungen gekennzeichnet. Die Wirklichkeit des Heiligen Landes, der ersehnten Heimat, ist so ganz anders, als im Exil erträumt. Wie so oft sind auch hier die Träume der Wirklichkeit nicht gewachsen. In dieser Zeit der Dunkelheit erfolgt nun das „Lichtwort" des Jesaja.

Das 66. Kapitel, aus dem unsere Lesung nicht ganz ohne Hinzufügungen, Umstellungen und Streichungen genommen ist, schildert die jüdischen Vorstellungen vom Ende der Zeiten: das Heil wird allen Völkern angeboten, und auch dieses Angebot ist verbunden mit dem „heiligen Berg Jerusalem" (Jes 66,20). Dieses Angebot ist aber kein Ausverkauf des Heils und bedeutet auch keine Heilsautomatismus. Kennt doch der Prophet sehr wohl den Abfall von Jahwe und seine fürchterliche Strafe. So schließt das 66. Kapitel und damit das ganze Buch des Propheten Jesaja mit dem Wort des Herrn über die Geretteten: „Sie werden hinausgehen und die Leichen derer schauen, die von mir abgefallen sind, denn ihr Wurm stirbt nicht und und ihr Feuer erlischt nicht, sie werden zum Abscheu sein für alles Fleisch" (Jes 66,24). Deutlich heißt es auch in Vers 14d, der in unserer Perikope unterschlagen wird: „seine Feinde aber wird er bedrohen" (Jes 66, 14d). Es gibt die Wahl, Knecht oder Feind des Herrn zu sein. Angesichts dieser Wahl wirbt der Prophet mit seinem „Lichtwort" und Zukunftsversprechen: Jerusalem wird dabei zur Chiffre des Heils, sodaß es in der „Geheimen Offenbarung des hl. Apostels Johannes" zum Ausdruck des Himmels schlechthin werden kann (Offb 21, 10–23, 2. Lesung am 6. Ostersonntag, Lesejahr C).

Der Apostel nennt das himmlische Jerusalem „unsere Mutter" (Gal 4,26). Und auch in unserer Perikope erscheint Jerusalem als die tröstende Mutter, die sich zärtlich und einfühlsam um ihre Kinder sorgt, ja sie versorgt. Der Herr selbst nimmt die Mutterliebe als Beispiel seiner liebenden Zuwendung zu den Menschen. Freude, Jubel und Trost finden wir bei der Mutter, je mehr wir uns von ihr entfernen, umso schwächer werden sie, bis sie nicht mehr spürbar sind. Der Begriff der Mutter ist ebenso wie der Ausdruck „himmlisches Jerusalem" für die Kirche verwandt worden, um uns das heilsgeschichtliche Mysterium ihres Wirkens nahezubringen. Ida Friederike Görres hat gegen Ende ihres Lebens die „Flucht vor der Mutter Kirche" beklagt. Könnte es nicht sein, daß der Grund für so viel Mißstimmung, Trost-, Mut- und Freudlosigkeit in der Entfernung von Mutter Kirche liegt?

Der Prophet aus dem zu Ende gehenden 6. Jahrhundert vor Christus hat uns einen langen Weg gewiesen, den Weg von der Trostlosigkeit seiner Zeit in die Großartigkeit des himmlischen Jerusalems! Tatsächlich gibt der Prophet unserer Zukunft ein Zuhause, und dieses Zuhause ist das himmlische Jerusalem.

Vom geplatzten Urlaub

Mk 6,30–34

In jener Zeit versammelten sich die Apostel, die Jesus ausgesandt hatte, wieder bei ihm und berichteten ihm alles, was sie getan und gelehrt hatten. Da sagte er zu ihnen: Kommt mit an einen einsamen Ort, wo wir allein sind, und ruht ein wenig aus. Denn sie fanden nicht einmal Zeit zum Essen, so zahlreich waren die Leute, die kamen und gingen.
Sie fuhren also mit dem Boot in eine einsame Gegend, um allein zu sein. Aber man sah sie abfahren, und viele erfuhren davon; sie liefen zu Fuß aus allen Städten dorthin und kamen noch vor ihnen an.
Als er ausstieg und die vielen Menschen sah, hatte er Mitleid mit ihnen; denn sie waren wie Schafe, die keinen Hirten haben. Und er lehrte sie lange.

Der Urlaub ist für viele die schönste Zeit im Jahr, auf die man sich lange freut, für die man spart und für die man meistens viel zu viel Geld ausgibt. Der Urlaubsanspruch gehört zu den ganz wichtigen Errungenschaften unseres Sozialstaates, fast schon hat er Tabucharakter, daran

rühren sollte man jedenfalls nicht. Und da scheint es sich schön zu fügen, wenn unser heutiges Evangelium sozusagen die biblische Begründung des Urlaubs zu bieten scheint.
In der Tat, Jesus sagt: „Ruht ein wenig aus!", und er sagt auch, wo das geschehen soll, nämlich „an einem einsamen Ort". Das griechische und das lateinische Wort sind an dieser Stelle doch etwas präziser, sie sprechen eher von einem „wüsten" Ort. Der einsame, ja wüste Ort, das klingt nicht nach Urlaubsparadies und Ferienclub, da werden nicht die Events einer Spaßgesellschaft geboten. Dieser Urlaub bietet nur eins, die störungsfreie Gegenwart unseres Herrn Jesus Christus. Voraussetzung für dieses Urlaubsangebot ist aber die Rückkehr zum Herrn. Die Rückkehr der Apostel von ihrer ersten Missionsreise (vgl. Mk 6,7) bedeutet auch Rückkehr zum Ursprung ihres Glaubens, Rückkehr zum Quell ihres Glaubens. Die Apostel kehren zum Herrn zurück und sie erstatten Bericht über ihre Taten und die Lehre. So halten es auch heute noch die Nachfolger der Apostel, unsere Bischöfe, wenn sie alle fünf Jahre dem Stellvertreter Christi auf Erden Bericht erstatten über ihr Handeln und Lehren.
Voraussetzung für das Urlaubsangebot Jesu ist jedenfalls kein Anspruch der Jünger, sondern

die Fürsorge des Herrn. Es geht nicht um einen einklagbaren Rechtsanspruch!

Den „wüsten“ bzw. „einsamen“ Ort, vielleicht Bethsaida (Lk 9,10), erreichen Jesus und die Apostel zwar, aber die Hektik folgt ihnen, bzw. kommt ihnen sogar zuvor. Als sie ankommen, erwartet sie bereits eine unüberschaubare Menschenmenge. Was nun? Wird der Urlaubsanspruch durchgehalten? Bleibt Jesus bei seinem Urlaubsversprechen? Unser Evangelium wird jetzt zum Evangelium vom geplatzten Urlaub, denn Jesus hat Mitleid mit den Menschen, weil sie führungs- und orientierungslos sind: sie sind eben wie Schafe ohne Hirten! Damit greift er wohl unmittelbar ein Bild aus dem Alten Testament auf (Num 27,27). Dieses Bild, mag es auch aus dem „Milieu der orientalischen Kleinviehnomaden“ kommen, ist auch heute noch unmittelbar verständlich, es ist eine Art religiöses Urbild.

Gott selbst ist der Hirte seines Volkes (Ps 22), der ihm Nahrung gibt (Hos 13,6), und der Hirte, den Ezechiel für die Zukunft angekündigt hat (Ez 34), ist mit Jesus Christus schon gekommen. Er gibt seinem Volke Führung und Orientierung, aber auch Nahrung, wie wir am nächsten Sonntag im Evangelium von der wunderbaren Brotvermehrung hören werden. Das Mitleid

Jesu führt zur Lehre Jesu: „Und er lehrte sie vieles (lange).“ Die Menschen brauchen die Lehre Jesu, diese erreicht sie heute vor allem durch die Lehre der Apostelnachfolger, die sich immer wieder an dem Inhalt ihrer Lehre, nämlich Jesus Christus selbst, messen lassen müssen.

Das Evangelium vom geplatzten Urlaub zeigt uns, daß Hektik und Streß nicht dem Willen des Herrn entsprechen, häufig jedoch unvermeidbar sind. Die wirkliche Ruhe ist seine Gegenwart, auch in allem Streß und aller Hektik. Vor diesem Hintergrund entfaltet der Wunsch für unsere Verstorbenen seine letzte Wahrheit: Herr, gib ihnen die ewige Ruhe! Das ist die endgültige Erfüllung aller Urlaubswünsche.

Wer betet, hat mehr vom Leben

Lk 11,1–13

Jesus betete einmal an einem Ort; und als er das Gebet beendet hatte, sagte einer seiner Jünger zu ihm: Herr, lehre uns beten, wie schon Johannes seine Jünger beten gelehrt hat. Da sagte er zu ihnen: Wenn ihr betet, so sprecht:
Vater, dein Name werde geheiligt. Dein Reich komme. Gib uns täglich das Brot, das wir brauchen. Und erlaß uns unsere Sünden; denn auch wir erlassen jedem, was er uns schuldig ist. Und führe uns nicht in Versuchung.
Dann sagte er zu ihnen: Wenn einer von euch einen Freund hat und um Mitternacht zu ihm geht und sagt: Freund, leih mir drei Brote; denn einer meiner Freunde, der auf Reisen ist, ist zu mir gekommen, und ich habe ihm nichts anzubieten!, wird dann etwa der Mann drinnen antworten: Laß mich in Ruhe, die Tür ist schon verschlossen, und meine Kinder schlafen bei mir; ich kann nicht aufstehen und dir etwas geben?
Ich sage euch: Wenn er schon nicht deswegen aufsteht und ihm seine Bitte erfüllt, weil er sein Freund ist, so

wird er doch wegen seiner Zudringlichkeit aufstehen und ihm geben, was er braucht.
Darum sage ich euch: Bittet, dann wird euch gegeben; sucht, dann werdet ihr finden; klopft an, dann wird euch geöffnet. Denn wer bittet, der empfängt; wer sucht, der findet; und wer anklopft, dem wird geöffnet.
Oder ist unter euch ein Vater, der seinem Sohn eine Schlange gibt, wenn er um einen Fisch bittet, oder einen Skorpion, wenn er um ein Ei bittet?
Wenn nun schon ihr, die ihr böse seid, euren Kindern gebt, was gut ist, wieviel mehr wird der Vater im Himmel den Heiligen Geist denen geben, die ihn bitten.

JEDEN ALTÖTTING-PILGER werden wohl die zahlreichen Votivtafeln an der Gnadenkapelle besonders beeindrucken; ja, die Betrachtung solcher Votivtafeln wird für die Pilger eines jeden Wallfahrtsortes zur Quelle von Zuversicht und Hoffnung, denn eine jede dieser Tafeln ist ja ein dokumentarischer Beweis für eine Gebetserhörung; so zeugen Votivtafeln auch heute noch von der Lebendigkeit der Wallfahrten und des Bittgebetes.
Dieses Gebet findet seinen letzten Grund in Praxis und Lehre Jesu. Sein Gebet war so beeindruckend, daß die Jünger, die sicher als fromme Juden durchaus zu beten wußten, den Herrn baten: „Lehre uns beten“.

Das Gebetsvorbild Jesu, die Bitte der Jünger um eine Gebetsunterweisung und schließlich diese Unterweisung selbst zeigen uns, daß das Gebet eine entscheidene Dimension der Nachfolge Jesu Christi ist; ohne das Gebet ist die Nachfolge des Herrn unvollständig.

Voraussetzung des Gebetes, ganz besonders des Bittgebetes, ist die Überzeugung, daß Gott uns versteht und daß er für uns ansprechbar ist. Weil Gott ein uns naher und persönlicher Gott ist, dürfen wir ihn nach der Lehre Jesu „Vater“ nennen.

Das Gebet, das der Herr uns lehrt, beginnt mit einer Ouvertüre des Lobes: „Dein Name werde geheiligt“ und zeigt uns so, daß am Beginn eines jeden Gebetes der Lobpreis Gottes zu stehen hat. Diese Dimension des Betens prägte jahrhundertelang die Gebetspraxis und hat ihren Niederschlag in der Architektur, den bildenden Künsten, der Literatur und der Musik gefunden. Die sakrale Kunst des christlichen Abendlandes ist aus dem Gebet gewachsen, Lob und Anbetung wurden zur Kunst, und diese Kunst erschließt sich auch heute vorwiegend im Gebet.

Das Gebet darf nicht Episode bleiben, es soll vielmehr beharrlich, hartnäckig, ja zudringlich sein. Das Gebet darf auch kein Fremdkörper im Alltag bleiben, es muß aus dem Alltag herauswachsen und diesen prägen, denn das Gebet ist keine Flucht aus dem Alltag, sondern vielmehr ein Zugang zu seiner Gestaltung und Bewältigung. Ein Gebet, das im Leben des Betenden isoliert ist, wird kaum Frucht für dieses Leben bringen, deshalb sollte unser Alltag durch Gebete vernetzt sein: Morgen-, Abend- und Tischgebet, „der Engel des Herrn", ab und zu ein Stoßgebet, vielleicht ein (auch kurzer) Besuch beim Allerheiligsten in der Kirche, die am Wegesrand liegt, das Kreuzzeichen als Gruß an einem Wegkreuz, das tägliche Gesätz(chen) vom Rosenkranz mit dem von Jesus selbst gelehrten Vaterunser und natürlich die Hochformen des liturgischen Gebetes: Sie alle gehören zur großen Gebetskultur. Jeder sollte bemüht sein, seinem Leben auch ein bestimmtes Gebetsprofil zu geben. Der Stil eines Menschen darf sich auch in seinem Gebetsstil zeigen. Ja, das Gebet muß eine ganz persönliche Prägung erfahren.

Die Votivtafeln an und in unseren Wallfahrtskirchen sind sprechende, aktuelle Zeugen für die Lebendigkeit des Bittgebetes und geben Kunde von überaus zahlreichen Gebetserhörungen. Die objektive Wirksamkeit des Gebetes gehört zu den tragenden Grundpfeilern gläubiger Zuwendung an den Vater, der uns als reifste Frucht dieser Gebetszuwendung die höchste aller Gaben, den Heiligen Geist, schenkt. Und so gilt dann auch: Wer betet, hat mehr vom Leben.

Habgier verhagelt das Gehirn

Lk 12,13–21

In jener Zeit bat einer aus der Volksmenge Jesus: Meister, sag meinem Bruder, er soll das Erbe mit mir teilen. Er erwiderte ihm: Mensch, wer hat mich zum Richter oder Schlichter bei euch gemacht?
Dann sagte er zu den Leuten: Gebt acht, hütet euch vor jeder Art von Habgier. Denn der Sinn des Lebens besteht nicht darin, daß ein Mensch aufgrund seines großen Vermögens im Überfluß lebt.
Und er erzählte ihnen folgendes Beispiel: Auf den Feldern eines reichen Mannes stand eine gute Ernte. Da überlegte er hin und her: Was soll ich tun? Ich weiß nicht, wo ich meine Ernte unterbringen soll. Schließlich sagte er: So will ich es machen: Ich werde meine Scheunen abreißen und größere bauen; dort werde ich mein ganzes Getreide und meine Vorräte unterbringen. Dann kann ich zu mir selber sagen: Nun hast du einen großen Vorrat, der für viele Jahre reicht. Ruh dich aus, iß und trink, und freu dich des Lebens!
Da sprach Gott zu ihm: Du Narr! Noch in dieser Nacht wird man dein Leben von dir zurückfordern.

Wem wird dann all das gehören, was du angehäuft hast?
So geht es jedem, der nur für sich selbst Schätze sammelt, aber vor Gott nicht reich ist.

FAST ALLE RECHTSSCHUTZVERSICHERUNGEN schließen in ihren Vertragsbedingungen Erbschaftsstreitigkeiten als Versicherungsfälle aus. Zu unübersichtlich ist das Erbschaftsrecht und zu groß die Neigung sich benachteiligt fühlender (Nicht-)Erben zum Prozeß. Auch das jüdische Erbschaftsrecht war zur Zeit Jesu so schwierig (vgl. Dtn 21,17; 25,5–10; Num 27,9), daß es eigentlich nur Schriftgelehrte in ihrer Funktion als Richter glücklich machen konnte; das Prozeßrisiko war erheblich.
Jesus wird nun eine Erbschaftsstreitigkeit zur Entscheidung angetragen. Ein wichtiger Vorgang! Die Qualität jedes Gemeinwesens hängt auch von der Rechtssicherheit ab, Garant der Rechtssicherheit ist der Rechtsweg und der wiederum hängt ab von den Organen der Rechtspflege.
Der Antrag an Jesus, doch bitte diesen Erbschaftsprozeß zu übernehmen, ist also sinnvoll und ehrenhaft. Aus amerikanischen Kriminalromanen kennen wir die respektvolle Anrede „Euer Ehren“ für Richter. Eine Annahme des Prozesses durch Jesus hätte eindrücklich seine Sozialkom-

petenz unter Beweis gestellt und ihm sicherlich nicht unerhebliche gesellschaftliche Akzeptanz verschafft.
Um so überraschender erscheint seine fast schroffe Ablehnung: „Mensch, wer hat mich zum Richter oder Schlichter über Euch gemacht?“ (Lk 12,14). Jesus hat den Fall in seinem entscheidenden Punkt erkannt. Ein Urteil oder Schiedsspruch, gleichgültig welchen Inhalts, würde nämlich das eigentliche Problem noch nicht einmal berühren: die Habgier, dem griechischen Wort näher und besser: das „Mehr-haben-wollen“: da ist die Gier des (wohl ältesten) Sohnes, der nicht teilen will, da ist die Gier des klagenden Sohnes, der mehr besitzen will.
Eine Richter- bzw. Schiedsfunktion würde zwar gesellschaftliche Akzeptanz mit sich bringen, den Richter aber zum Vollstrecker menschlicher Habgier machen. Dadurch, daß Jesus sich dem entzieht und dieses Entziehen auch begründet, löst er den Fall im letzten. Habgier kann nicht den Sinn des Lebens bestimmen. Tatsächlich aber bestimmt das „Mehr-haben-wollen“ weite Teile des öffentlichen Lebens. In den häufig genug bizarren Verteilungskämpfen bis zur Ideologie des „Shareholder-Value“ finden wir viele „Habgierindikatoren“ unserer Gesellschaft. Und das öffentliche Leben spiegelt ja oft genug nur unsere privat

gepflegte Habgier wieder. „Ruh dich aus, iß und trink, und freue dich des Lebens!“ (Lk 12,19b).
Dieser Vers könnte für eine Seniorenkreuzfahrt oder einen Rentenfond werben. Er trifft unsere Vorsorgementalität ganz genau. Hier geht es letztlich um Lebensplanung ohne Gott, um eine Fehlplanung. Eine Leiche macht in der Regel keine Kreuzfahrt und braucht auch keinen Rentenfond mehr. Bei einer sinnvollen Lebensplanung muß es um den Reichtum vor Gott gehen. Habgier ist also immer auch ein Planungsfehler. Habgier ist kurzsichtig, sie sieht nicht den Tod und interessiert sich nicht für das, was danach kommt oder kommen könnte: Habgier verhagelt das Gehirn.
Gerade durch die Analyse des Erbschaftsfalls zeigt Jesus seine soziale Kompetenz. Seine Ausführungen zur Habgier stehen dabei ganz in der jüdischen Tradition, wovon ein Teil mit der ersten Lesung des heutigen Sonntags aus dem Buch der Prediger dokumentiert wird. Jesus argumentiert aus der Lehrtradition seines Volkes (vgl. Sir 11,18–19; Ps 39,7; Ps 49,11–13; Koh 8,8). Nicht durch den Neuigkeitswert seiner Lehre, sondern durch die lebendige Konkretion großer jüdischer Tradition und Lebensweisheit überzeugt unser Herr Jesus Christus. Den Erbschaftsfall hat er nicht für die streitenden Brüder gelöst, wohl aber für uns.

Fast food des Zeitgeistes?

Spr 9,1–6

Die Weisheit hat ihr Haus gebaut, ihre sieben Säulen behauen. Sie hat ihr Vieh geschlachtet, ihren Wein gemischt und schon ihren Tisch gedeckt. Sie hat ihre Mägde ausgesandt und lädt ein auf der Höhe der Stadtburg: Wer unerfahren ist, kehre hier ein.
Zum Unwissenden sagt sie: Kommt, eßt von meinem Mahl, und trinkt vom Wein, den ich mischte. Laßt ab von der Torheit, dann bleibt ihr am Leben und geht auf dem Weg der Einsicht.

Jahrhunderte war sie die größte und prächtigste Kirche der Christenheit, sie trug den Namen der heiligen Weisheit, „Hagia Sophia", sie war „Christus als der Weisheit des göttlichen Wortes" geweiht. Dieser großartigste Kirchenbau Konstantinopels war sozusagen das größte und schönste „Haus der Weisheit", das sich denken läßt.
Die „sieben Säulen" des Hauses der Weisheit haben in der langen Deutungsgeschichte unserer heutigen Lesung aus dem Buch der Sprüche „des

Davidssohnes Salomo, des Königs von Israel" (Spr 1,1), immer wieder die Erinnerung an die Siebenzahl, die Zahl der Vollkommenheit, in anderen Büchern der heiligen Schrift hervorgerufen, z. B. die sieben Stufen zum Tempel (Ez 40,22), die sieben Söhne Hiobs (Hiob 1,3) oder auch die sieben Augen und Hörner des Lammes in der Apokalypse (Offb 5,6). Frömmigkeit und Liturgie kennen die sieben Gaben und die sieben Tröstungen des Heiligen Geistes, aber auch die sieben Hauptsünden. Die verbindliche dogmatische Lehre der Kirche weiß um genau sieben Sakramente, nicht mehr, aber auch nicht weniger. Die jüdische Tradition hält die Erinnerung an den siebenarmigen Leuchter aus dem Tempel lebendig. Der Zusammenhang mit dem heutigen Tagesevangelium (Joh 6,51–58) mag es nahelegen, das Mahl der Weisheit als Hinweis auf das eucharistische Mahl, die Speise, die Christus selbst ist, zu verstehen. In anderem liturgischen Kontext kann die Weisheit als Hinweis auf die allerseligste Jungfrau Maria gesehen werden. Zur Geschichte eines Textes gehört immer auch die Geschichte seiner Leser und seiner Wirkung auf diese. Aus der Fülle von Anregungen, die die Deutungs- und Wirkungsgeschichte des heutigen Lesungstextes aus dem Alten Testament bietet, sei nur eine Assoziation kurz weiter verfolgt. Die Geschichte der Hagia Sophia, die 1453 zur Hofmoschee des Sultans und 1934 zum staatlichen Museum wurde, zeigt ebenso wie der siebenarmige Leuchter, dessen berühmte Darstellung im Titusbogen ja seinen Raub und die Zerstörung des Tempels dokumentiert, wie gefährdet das Haus der Weisheit in der Geschichte immer ist.

Vielleicht wird ja auch deshalb von den Gästen in diesem Haus mehr verlangt als Nahrungsaufnahme unter Beachtung der gesellschaftlichen Konventionen, und in der Tat ist die Einladung ja mit einer Aufforderung verbunden: „Laßt ab von der Torheit!“ (Spr 8,6), denn wer nicht davon abläßt, dessen Leben ist gefährdet. Das „Haus der Weisheit“ kann zum Museum werden, die sieben Säulen können zerstört werden, die Weisheit erlischt, die Weisheit leuchtet nicht mehr, wenn die Torheit siegt.

Die Einladung der Weisheit trifft alle, es gibt keine Voraussetzungen, weder Wissen noch Erfahrung sind gefragt. Wenn es keine Voraussetzungen gibt für die Einladung, dann gibt es auch keine Entschuldigung, sie nicht anzunehmen. Das Haus der Weisheit steht allen offen, es gibt keine Gesichtskontrolle wie z. B. heute bei vielen Discos. Wer der Einladung folgt, hat sich ja schon entschieden, entschieden für das Leben gegen Torheit und Tod.

Die Entscheidung, um die es in dieser alttestamentlichen Lesung geht, ist die Entscheidung zwischen der ewigen Weisheit und der immer aktuellen Torheit; die Entscheidung zwischen dem Mahl der Weisheit und dem Fast food des Zeitgeistes.

Keine Tricks bei Gott!

Mk 7,1–8.14–15.21–23

In jener Zeit hielten sich die Pharisäer und einige Schriftgelehrte, die aus Jerusalem gekommen waren, bei Jesus auf. Sie sahen, daß einige seiner Jünger ihr Brot mit unreinen, das heißt mit ungewaschenen Händen aßen. Die Pharisäer essen nämlich wie alle Juden nur, wenn sie vorher mit einer Handvoll Wasser die Hände gewaschen haben, wie es die Überlieferung der Alten vorschreibt. Auch wenn sie vom Markt kommen, essen sie nicht, ohne sich vorher zu waschen. Noch viele andere überlieferte Vorschriften halten sie ein, wie das Abspülen von Bechern, Krügen und Kesseln.
Die Pharisäer und die Schriftgelehrten fragten ihn also: Warum halten sich deine Jünger nicht an die Überlieferung der Alten, sondern essen ihr Brot mit unreinen Händen? Er antwortete ihnen: Der Prophet Jesaja hatte recht mit dem, was er über euch Heuchler sagte: Dieses Volk ehrt mich mit den Lippen, sein Herz aber ist weit weg von mir. Es ist sinnlos, wie sie mich verehren; was sie lehren, sind Satzungen von Menschen.
Ihr gebt Gottes Gebot preis und haltet euch an die Überlieferung der Menschen.

Dann rief Jesus die Leute wieder zu sich und sagte: Hört mir alle zu und begreift, was ich sage: Nichts, was von außen in den Menschen hineinkommt, kann ihn unrein machen, sondern was aus dem Menschen herauskommt, das macht ihn unrein.
Denn von innen, aus dem Herzen der Menschen, kommen die bösen Gedanken. Unzucht, Diebstahl, Mord, Ehebruch, Habgier, Bosheit, Hinterlist, Ausschweifung, Neid, Verleumdung, Hochmut und Unvernunft. All dieses Böse kommt von innen und macht den Menschen unrein.

NATÜRLICH KÖNNEN WIR selbst versuchen, etwa mit dem (jährlich erscheinenden) Buch „1000 legale Steuertricks“, unsere Steuererklärung so zu gestalten, daß die Steuern für uns erträglich werden, besser fährt man jedoch mit Profis, Steuerberatern, die alle Tricks kennen. Je umfangreicher und komplizierter Gesetze und Ausführungsbestimmungen werden, um so wichtiger werden professionelle Spezialisten, die alle Auslegungsmöglichkeiten in voller Flexibilität ausschöpfen können, oder einfacher ausgedrückt: die alles tun, um das Finanzamt auszutricksen.
Die meisten von uns mögen solche Tricks. Auch im heutigen Evangelium geht es um Tricks, aber hier soll kein Finanzamt ausgetrickst werden,

sondern Gott selbst. Der erste Teil (7,1–13) bietet ein „Streitgespräch“: Jesus führt hier keinen Dialog mit den Pharisäern und den vielleicht eigens aus Jerusalem angereisten Schriftgelehrten, sondern er sagt ihnen deutlich die Meinung, ganz im Stil der alten Propheten unter ausdrücklicher Berufung auf einen von ihnen (Jes 29,13).

Markus 7,9–13 – in der liturgischen Verlesung heute ausgespart – bringt ein besonders ekelhaftes Beispiel für einen „Steuertrick“, nämlich den, sich unter Berufung auf Gott der Verpflichtung zum Unterhalt der alten Eltern zu entledigen; tatsächlich war es möglich, im Gesetzesdschungel, den die Schriftgelehrten eifrig pflegten, Wege zu finden, Gottes Gebote zu relativieren. Jesus betont hier die strikte Verbindlichkeit der Gebote Gottes. Im Zentrum seiner Argumentation steht Gott, da ist kein Platz für Tricks.

Die Pharisäer waren nämlich bemüht, die levitischen Reinheitsvorschriften, die ursprünglich ja nur für die Priester bestimmt waren, auf alle Juden auszudehnen. Sie verkörpern damit „so etwas wie ein allgemeines Priestertum – eine Art religiöser Demokratisierung“ (Eugen Drewermann). Mit der „Überlieferung der Menschen“ versuchten sie die Ordnung der Schrift auszuhebeln. Dieser Vorwurf Jesu ist also für

die Pharisäer ein Angriff auf die Wurzeln ihrer Existenz.
Dieses scharfe „Streitgespräch“, weder in Inhalt noch in Form um Verbindlichkeit und „gutes Klima“ bemüht, wird ergänzt durch ein „Lehrgespräch“: Jesus lehrt nun die zusammengerufenen Menschen. Er zeigt sich hier in autoritativer Verkündigung als „dominus et rex scripturae“, Herr und König der Schrift: „Jesus steht in königlicher Freiheit über der Schrift“ (Ernst Haenchen), hier setzt er nämlich aus eigener Machtvollkommenheit verbindlich einen Teil des Alten Testamentes außer Kraft (Lev 11–15).
Er betont die Freiheit, denn die Sünde kommt nicht von außen, sondern der Mensch ist aus sich heraus zu ihr fähig. Die Techniken der Schuldabwälzung von Adam und Eva, von Eva auf die Schlange verlieren ihre Überzeugungskraft, wenn das Böse aus dem Herzen des Menschen kommt.
Die Techniken der Schuldabwälzung waren noch nie so ausgefeilt wie heute. Von der „genetischen Disposition“ bis zur „Milieuschädigung“ gibt es eine Fülle von psychologischen Richtigkeiten, die alle Sünden entschuldigen und dem Menschen als „Mängelwesen“ (Arnold Gehlen) die Verantwortung für seine Verfehlungen absprechen; damit spricht man ihm aber die Frei-

heit ab, denn Freiheit ist immer auch die Freiheit zur Sünde, und die kommt aus dem „Herzen der Menschen, da helfen keine (moral-)theologischen Tricks, da helfen keine qualifizierten Entschuldigungstherapien, da helfen auch keine routinierten religiösen Übungen, da hilft nur die sehr ernste Frage eines erfahrenen Seelsorgers an uns: „Könnte es sein, daß auch wir nur noch äußerlich funktionieren und unser Herz weit weg ist von Gott?"

Ist unser Herz bei Gott? Das ist die entscheidende Frage unseres Lebens. Unser Herz ist zumindest auf dem Weg zu Gott, wenn wir keine Tricks versuchen, wenn wir zu unseren Verfehlungen stehen bis hin zur aktiven Reue im Sakrament der Buße: Keine Tricks bei Gott!

Niemals schuldenfrei!

Röm 13,8–10

Brüder! Bleibt niemand etwas schuldig; nur die Liebe schuldet ihr einander immer. Wer den andern liebt, hat das Gesetz erfüllt. Denn die Gebote: Du sollst nicht die Ehe brechen, du sollst nicht töten, du sollst nicht stehlen, du sollst nicht begehren!, und alle anderen Gebote sind in dem einen Satz zusammengefaßt: Du sollst deinen Nächsten lieben wie dich selbst.
Die Liebe tut dem Nächsten nichts Böses. Also ist die Liebe die Erfüllung des Gesetzes.

Wer einen Hausbau oder Wohnungskauf plant, braucht unbedingt einen professionellen Finanzierungsplan, der allen Eventualitäten Rechnung trägt. Dabei wird es in der Regel kaum ohne größere Verschuldung abgehen, und das bedeutet oft über Jahrzehnte hinweg Rückzahlungen, aber irgendwann ist man endlich schuldenfrei. Auf diesen Tag arbeiten viele Menschen lange hin. Heute erfahren wir vom heiligen Paulus, daß wir – auch bei sorgfältiger christlicher Lebensplanung – nie schuldenfrei sein werden: „Die Liebe

schuldet ihr einander immer", heißt es in unserer heutigen Lesung aus dem Römerbrief. Ein gewaltiges Wort, das uns eindringlich nach dem wirklichen Stellenwert der Liebe in unserer Lebensplanung und konkreten Lebensgestaltung fragt. Das Wort Liebe wird heute inflationär gebraucht und häufig als kirchenpolitischer Kampfbegriff mißbraucht. Wie schnell wird Amtsträgern die Liebe abgesprochen, „Macht ohne Liebe", heißt es dann häufig in pharisäerhafter Selbstgerechtigkeit. Wie oft bezieht man sich auf die Liebe im allgemeinen, um ein Gebot im konkreten nicht erfüllen zu müssen. Wie oft ist der inflationäre Gebrauch des Wortes „Liebe" nur ein Alibi für rücksichtslose Selbstverwirklichungsideologien.
Die Liebe dagegen ist immer konkret. Sie besteht auch in der Erfüllung der Gebote, sie faßt die Gebote zusammen und erhöht sie. Bei der Einhaltung der Zehn Gebote geht es also nicht um eine legalistische Gesetzesfrömmigkeit, sondern um die konkrete Gestaltung der Liebe. Also nicht mehr „Macht ohne Liebe", sondern „Gehorsam in Liebe". Das Liebesgebot führt zur Demut, denn wir bleiben immer Schuldner des anderen. Der Blick auf dieses Gebot läßt uns klein erscheinen, denn wir werden nie „schuldenfrei sein".

Überfordert uns das Liebesgebot damit nicht? Ist es etwa ein Gebot, das man gar nicht erfüllen kann, das uns eher niederdrückt? Ein Gebot nur für Heilige, nicht für den Normalchristen? Tatsächlich gilt Römer 13,8 für uns alle! Resignation bedeutet Liebesverweigerung! Gott gibt keine Gebote, die man nicht erfüllen könnte, wie das Konzil von Trient ausdrücklich gelehrt hat (sess. VI, can. 18). Dann aber gilt das Wort Pauli ohne Wenn und Aber für unseren Alltag, dann gilt es in kleinen Schritten unseres häufig so grauen Alltags, die Liebe zu verwirklichen.
Die Liebe als das große Prinzip des Gesetzes, so hatten schon die jüdischen Schriftgelehrten die Verbindung von Liebe und Gesetz gesehen. Paulus steht hier eindeutig in der exegetischen Tradition des Judentums. Schon von diesem Befund her verbietet es sich, Liebe und Gesetz gegeneinander auszuspielen. Die Liebe ist konkret, sie fängt im Alltag an, ganz einfach schon, wenn ich „dem Nächsten nichts Böses tue“ (Röm 13,10). Je mehr wir die Liebe ganz bewußt zum alltäglichen Handlungsprinzip machen, um so weniger grau wird unser Alltag werden.

Eine Umfrage zum Jesusbild

Mk 8,27–35

In jener Zeit ging Jesus mit seinen Jüngern in die Dörfer bei Cäsarea Philippi. Unterwegs fragte er die Jünger: Für wen halten mich die Menschen? Sie sagten zu ihm: Einige für Johannes den Täufer, andere für Elija, wieder andere für sonst einen von den Propheten.
Da fragte er sie: Ihr aber, für wen haltet ihr mich? Simon Petrus antwortete ihm: Du bist der Messias! Doch er verbot ihnen, mit jemand über ihn zu sprechen.
Dann begann er, sie darüber zu belehren, der Menschensohn müsse vieles erleiden und von den Ältesten, den Hohenpriestern und den Schriftgelehrten verworfen werden; er werde getötet, aber nach drei Tagen werde er auferstehen. Und er redete ganz offen darüber.
Da nahm ihn Petrus beiseite und machte ihm Vorwürfe. Jesus wandte sich um, sah seine Jünger an und wies Petrus mit den Worten zurecht: Weg mit dir, Satan, geh mir aus den Augen! Denn du hast nicht das im Sinn, was Gott will, sondern was die Menschen wollen.
Er rief die Volksmenge und seine Jünger zu sich und sagte: Wer mein Jünger sein will, der verleugne sich

selbst, nehme sein Kreuz auf sich und folge mir nach. Denn wer sein Leben retten will, wird es verlieren; wer aber sein Leben um meinetwillen und um des Evangeliums willen verliert, wird es retten.

In Wirtschaft und Politik werden Umfragen immer wichtiger. Für jeden Politiker ist die Frage „Für wen halten die Leute mich?" entscheidend. Und je nach Umfrageergebnissen wird er sein Image in diese oder jene Richtung verändern oder wenigstens anders akzentuieren. Das gilt für programmatische Inhalte ebenso wie für das kosmetische „Outfit". Umfragen veranstaltet man, um sich an ihnen auszurichten, um den Markt zu erobern.
Im heutigen Evangelium erhebt Jesus sozusagen die von Jüngern gesammelten Umfrageergebnisse zur Frage „Für wen halten mich die Menschen?" Der Befund führt nun nicht zu erneuter Nachdenklichkeit über den bisherigen Weg Jesu, etwa nach dem Gesichtspunkt: Was muß am Jesusbild verändert werden, damit es akzeptabel wird, oder: Wie muß Jesus aussehen, damit er ankommt? – nein, der Befund führt vielmehr zur scharfen Konfrontation, die durch die Frage eingeleitet wird: „Ihr aber, für wen haltet Ihr mich?" Der Herr geht ganz selbstver-

ständlich davon aus, daß das Jesusbild der Jünger ein anderes ist als das der Umfrageergebnisse, was von Petrus, dem Sprecher des Jüngerkreises, dann ja auch bestätigt wird: „Du bist der Messias".

Jesus führt den Gegensatz aber noch weiter: Er ist weder der Täufer noch Elia noch sonst einer der Propheten, er ist Christus, der Messias. Dieser Messias entspricht aber auch nicht den allgmeinen Erwartungen seines Jüngerkreises, das verdeutlicht die folgende Leidensankündigung: Leiden wird zum entscheidenden Merkmal des Messiasbildes, das empfindet auch Petrus so und nimmt den Herrn beiseite, um ihm „Vorwürfe zu machen". Hatte Jesu Selbstbewußtsein im Gegensatz zu der ihn umgebenden jüdischen Umgebung gestanden, so steht seine Leidensankündigung im Gegensatz zu den Vorstellungen der ihn unmittelbar umgebenden Jünger, als deren Sprecher Petrus wohl auch hier wieder auftritt. Deswegen reagiert Jesus mit einer öffentlichen Zurechtweisung des Petrus vor allen Jüngern, obwohl Petrus mit ihm ja nur unter vier Augen gesprochen hatte. Und in seiner Zurechtweisung findet sich ein neuer Gegensatz: der zwischen den Gedanken Gottes und den Gedanken des Menschen; wer die letzteren denkt, wird zum Widersacher Gottes, zum

Satan – und Umfrageergebnisse erheben eben nur die Gedanken der Menschen.
Hatte Petrus noch unter vier Augen mit Jesus geredet, hatte sich Jesus schon an alle Jünger gewandt, so wird für die folgende „Spruchkette" die Öffentlichkeit noch erweitert, indem Jesus zu seinen Jüngern auch noch die ganze Volksmenge herbeiruft. Das Leiden, das der Messias für sich selbst voraussagt, wird nun zum Maßstab für die Jesusnachfolge der Jünger. Lebensvorsorge führt zum Lebensverlust, das Evangelium ist es wert, das Leben zu verlieren, weil es ein anderes Leben in Christus gibt: Das Leiden ist nicht Selbstzweck, hier wird kein spirituell veredelter Masochismus propagiert. Ziel und Zweck der Kreuzesnachfolge ist immer das Zeugnis der Auferstehung.
Jesus macht sich nicht von Umfrageergebnissen abhängig. Er modelliert das Bild, das die Menschen von ihm haben sollen, nicht nach den „Bedürfnissen" des Marktes. Das Jesusbild entzieht sich der Dialektik von Angebot und Nachfrage und führt direkt zum Paradox der Kreuzesnachfolge. Und all das macht tiefen Sinn im Lichte des Ostergeschehens.

Zur Freiheit berufen

Ez 18,25–28

So spricht der Herr: Ihr sagt: Das Verhalten des Herrn ist nicht richtig. Hört doch, ihr vom Haus Israel: Mein Verhalten soll nicht richtig sein? Nein, euer Verhalten ist nicht richtig.
Wenn der Gerechte sein rechtschaffenes Leben aufgibt und Unrecht tut, muß er dafür sterben. Wegen des Unrechts, das er getan hat, wird er sterben. Wenn sich der Schuldige von dem Unrecht abwendet, das er begangen hat, und nach Recht und Gerechtigkeit handelt, wird er sein Leben bewahren. Wenn er alle Vergehen, deren er sich schuldig gemacht hat, einsieht und umgekehrt, wird er bestimmt am Leben bleiben. Er wird nicht sterben.

Sie war am Tiefpunkt angekommen, sie, die Elite des auserwählten Volkes, saß im entfernten Exil, an den Flüssen Babyloniens; Jerusalem war gefallen. Und die Schuld? Sie hatten damit nichts zu tun, die Schuldigen waren die anderen! Erfuhren sie jetzt nicht die Wahrheit des Schriftwortes von Gott, der die Schuld der Väter

verfolgt an den Söhnen und Enkeln bis in das dritte und vierte Geschlecht? (Ex 34,7). War das Leiden ihrer Generation nicht der grausame Beweis für seine Gültigkeit?
Vielleicht war ihr Leid so groß wie ihre Selbstgerechtigkeit. Ihre Kritiklosigkeit gegen sich selbst führte zu Kritik an Gott: „Das Verhalten des Herrn ist nicht richtig“ (Ez 18,25). Kennen wir das nicht? Wie oft fühlen wir uns ausgesetzt, vertrieben, heimatlos im Alltag! Wie oft leben wir in einer Art Exil, drücken uns vor Schicksalsschlägen, die auf uns hereinprasseln und geben allem und jedem die Schuld, und wenn wir keinen überzeugenden Schuldigen mehr finden, dann geben wir sie Gott. Manchmal geht dann die Kritik an Gott bis zu seiner Leugnung. Wer gibt schon gerne seine Schuld zu? Wer sucht sie nicht lieber bei anderen? Und die modernen Wissenschaften, sie bestätigen uns noch; genetische oder soziale Determination, Vererbung, Umwelt und Erziehung, so lauten die gängigen Entschuldigungsvokabeln heute. Dagegen steht am heutigen Sonntag die Meinung des Propheten Ezechiel, aber auch die des Tagesevangeliums (Mt 21,28–32).
Der Mensch ist von vornherein eben nicht das Produkt seiner Sozialisation noch die Marionette genetischer Zwänge, deshalb kann der Ka-

techismus der Katholischen Kirche (Nr. 1736) schreiben: „Jede direkt gewollte Tat ist dem Handelnden anzurechnen.“ Der Mensch hat einen freien Willen und darum ein Recht auf Freiheit, darauf beruht nicht nur unsere freiheitlich-demokratische Grundordnung. In dieser Willensfreiheit des Menschen leuchtet der ursprüngliche Schöpfungsplan Gottes auf, denn sie ging ja auch durch die Erbsünde nicht verloren. Weil der Mensch frei ist, kann er sich ändern, morgen anders als heute zu entscheiden. Diese Willensfreiheit kann der bisher Rechtschaffene dazu nutzen, Unrecht zu tun, und der bisher Schuldige dazu, sich vom Unrecht abzuwenden. Im menschlichen Leben ist Umkehr möglich, und deswegen ist die Umkehr zum Guten auch gefordert, eine Umkehr, der immer die Einsicht in das Falsche des bisherigen Weges vorausgeht.

Bevor wir sagen, „das Verhalten des Herrn ist nicht richtig“, sollten wir den eigenen Standpunkt überprüfen. Die kritische Selbstprüfung ist der erste Schritt zur Einsicht. Die Sünden vergangener Generationen können Aufgaben zur Zukunftsbewältigung darstellen; Entschuldigungen für eigenes Versagen sind sie nicht.

Sicherlich gibt es genetische und soziale Determinationen, und auch freies Geschehen ist nie ein Geschehen ohne Ursache, aber es gibt vor allem auch Gnade und Freiheit. Wer zur Freiheit berufen ist, kann sein Leben ändern. Eine gute Tat ist noch keine Garantie dafür, daß ihr weitere gute Taten folgen, und eine Missetat muß nicht die entscheidende Tat im Leben eines Menschen bleiben. Wir sind zur Freiheit berufen und dürfen auf Gnade hoffen, darum können wir unser Leben ändern.

Der Herr sagt: „Wenn er (der Schuldige) alle Vergehen, deren er sich schuldig gemacht hat, einsieht und umkehrt, wird er bestimmt am Leben bleiben" (Ez 18,28). Unser Gott ist ein Gott des Lebens und der Freiheit. Das ist die Frohbotschaft aus dem 18. Kapitel des Propheten Ezechiel: „Ich habe ja kein Wohlgefallen am Tode, spricht Jahwe, der Herr. So kehret um, und ihr sollt leben" (Ez 18,32).

Durch Beten beten lernen

Ex 17,8–13

In jenen Tagen kam Amalek und suchte in Refidim den Kampf mit Israel. Da sagte Mose zu Josua: Wähl uns Männer aus, und zieh in den Kampf gegen Amalek! Ich selbst werde mich morgen auf den Gipfel des Hügels stellen und den Gottesstab mitnehmen. Josua tat, was ihm Mose aufgetragen hatte, und kämpfte gegen Amalek, während Mose, Aaron und Hur auf den Gipfel des Hügels stiegen.
Solange Mose seine Hand erhoben hielt, war Israel stärker; sooft er aber die Hand sinken ließ, war Amalek stärker. Als dem Mose die Hände schwer wurden, holten sie einen Steinbrocken, schoben ihn unter Mose, und er setzte sich darauf. Aaron und Hur stützten seine Arme, der eine rechts, der andere links, so daß seine Hände erhoben blieben, bis die Sonne unterging.
So besiegte Josua mit scharfem Schwert Amalek und sein Heer.

Wie eine Ouvertüre die Grundmelodie der ihr folgenden Oper schon erkennen läßt, sozusagen die Erkennungsmelodie des musikalischen Kunstwerkes bietet, so bietet der Introitus (Eröffnungsvers) der heutigen Sonntagsmesse den Schlüssel zum Verständnis unserer Lesung und des Evangeliums: „Ich rufe dich an, denn du, Gott, erhörst mich. Wende dein Ohr mir zu, vernimm meine Rede! Behüte mich wie den Augapfel, den Stern des Auges, birg mich im Schatten deiner Flügel!“ (Ps 17,6.8). Im Tagesevangelium hören wir aus dem Mund des Herrn selbst die eindringliche Mahnung zum Gebet, ja zum Bittgebet. Das Bittgebet gehört zu den menschlichen Urerfahrungen. Gebetserhörungen werden auch heute noch gerne weitererzählt, und – vor allem an Wallfahrtsorten – nach wie vor in schlichten Votivtafeln dokumentiert. Die erste Lesung des heutigen Tages ist die Dokumentation einer Gebetserfahrung, ja einer Gebetserhörung.

Das Volk Gottes hat die kollektive Erfahrung gemacht, daß in höchster Bedrängnis das Gebet des Mose Rettung im verzweifelten, hoffnungslosen Kampf bringt.

Diese Erfahrung findet ihren Niederschlag im vorliegenden Text. Ob er ein Stück konkreter Geschichte authentisch widerspiegelt oder „nur“ eine „theologische Lehrerzählung“ bietet, mögen die Schriftgelehrten unserer Tage unter sich ausmachen, die Erfahrung des Gebets und seiner Erhörung sei aber ausdrücklich auch ihnen bei ihrem „Forschen“ gewünscht.

Im Licht der heutigen Tagesliturgie bietet der Exodus-Text geradezu einen Kurztraktat über das Gebet:

1. Mose betet nicht für sich selbst, sondern für das ganz Volk. Zwei Helfer stehen ihm bei diesem Gebet zur Seite, Aaron und Hur.

2. Das Volk unter dem Befehl des Josua kämpft und spürt in diesem Kampf die durch die Hände des Mose vermittelte Gebetskraft.

3. Die Haltung des Mose, hochaufgerichtet, die Arme zu beiden Seiten ganz ausgestreckt, hat manche Ausleger an das Zeichen des Kreuzes erinnert.

Mose betet stellvertretend für das ganze Volk, das Volk aber handelt, es tut etwas, es kämpft. Gebet und Handeln sind aufeinander bezogen und müssen sich ergänzen. Gebet darf Gott nie zum Lückenbüßer menschlicher Versäumnisse degradieren. Gebet und Handeln sind keine Gegensätze, wie gerade das Alte Testament auf eindrucksvolle Weise lehrt. Die Israeliten haben sich gerade eben nicht auf das Gebet beschränkt, sie haben auch gehandelt, und zwar in und aus der Kraft des Gebetes. Das Gebet muß zur Grundmelodie jeden Handelns werden.

Die helfende Kraft, die ja von den Händen des Mose ausgeht, könnte uns an die Kraft der gesalbten Hände unserer Priester erinnern. Ist nicht auch der Priester des neuen Bundes ein Mann des Gebetes, der seine Hände zum Schutz über das Volk in Bedrängnis ausbreitet? Bringt sein Segen nicht auch Schutz und Kraft? Der Priester sollte doch auch vor allem ein Mann des Gebets sein, der das pilgernde Gottesvolk im Gebet begleitet und beschützt.

Die ganze Gestalt des Mose, wie er hochaufgerichtet seine Arme nach beiden Seiten hin ausstreckt, gibt uns einen Hinweis auf das Kreuz: Am Anfang eines jeden Gebetes sollte das Kreuz stehen, das Zeichen des Sieges über jede Sünde. Das Kreuzzeichen, präfiguriert von der Gestalt des betenden Mose, ist die Ouvertüre zu jedem Gebet. In der Kraft dieses Zeichens ist der Sieg unseres Lebens gesichert. Die höchste Form des Gebets ist die unblutige Wiederholung des Kreuztodes, die Vergegenwärtigung des Ostergeheimnisses in der heiligen Messe. Am Anfang der heutigen Sonntagsmesse rufen wir zu Gott: „Wende dein Ohr zu mir!"

Die Liturgie des Sonntags erschließt uns den Sinn der heiligen Schrifttexte und er führt uns wieder zur Liturgie, nämlich zum heiligen Meßopfer als der höchsten und intensivsten Form des Gebets zurück. Der heutige Sonntag mahnt uns zum Gebet. Die vielleicht beste Gebetsschule ist der Besuch der Sonntagsmesse, denn für das Gebet gilt ganz besonders: „learning by doing“.

Kurz und bündig

Mk 12,28b–34

In jener Zeit ging ein Schriftgelehrter zu Jesus hin und fragte ihn: Welches Gebot ist das erste von allen? Jesus antwortete: Das erste ist: Höre, Israel, der Herr, unser Gott, ist der einzige Herr. Darum sollst du den Herrn, deinen Gott, lieben mit ganzem Herzen und ganzer Seele, mit all deinen Gedanken und all deiner Kraft. Als zweites kommt hinzu: Du sollst deinen Nächsten lieben wie dich selbst. Kein anderes Gebot ist größer als diese beiden. Da sagte der Schriftgelehrte zu ihm: Sehr gut, Meister! Ganz richtig hast du gesagt: Er allein ist der Herr, und es gibt keinen anderen außer ihm, und ihn mit ganzem Herzen, ganzem Verstand und ganzer Kraft zu lieben und den Nächsten zu lieben wie sich selbst, ist weit mehr als alle Brandopfer und anderen Opfer.
Jesus sah, daß er mit Verständnis geantwortet hatte, und sagte zu ihm: Du bist nicht fern vom Reich Gottes. Und keiner wagte mehr, Jesus eine Frage zu stellen.

Kurz und bündig, klar und präzise sollen sie sein, die Gebrauchsanweisungen für Apparate, die uns in unserem Alltag begleiten. Wer schon einmal nach langem Studium einer Gebrauchsanweisung ratlos vor seiner Videoanlage saß, weiß, wie verwirrend Gebrauchsanweisungen sein können. Klarheit und Einfachheit, die Sehnsucht danach treibt einen Schriftgelehrten zu Jesus. Der Schriftgelehrte kennt sicher genau die 613 Einzelgesetze, davon 248 Gebote des Handelns und 365 Gebote des Nicht-Handelns.

Der Pharisäer dürfte also ganz genau um die Problematik der Frage: „Welches Gebot ist das erste von allen?“ wissen. Jesu Antwort und die darauffolgende Bestätigung durch den Schriftgelehrten bilden eine kunstvoll verschränkte Zitatenreihe aus dem Alten Testament. Jesus steht hier als Vertreter der jüdischen Tradition vor uns, was von einem jüdischen Gottesgelehrten dann auch ausdrücklich bestätigt wird. Die Klarheit Jesu kommt aus der jüdischen Tradition und wird zum christlichen Unterscheidungsmerkmal (z. B. Gal 5,14; Röm 13,8–9).

Aber Jesus ergänzt das Alte Testament; im Gebot der Gottesliebe (Dtn 6,4–5), das jeder männliche Jude zur Zeit Jesu morgens und abends beten mußte, das also bekannt war, fügt er etwas hinzu: „mit all deinen Gedanken“, wohl besser: „mit deinem ganzen Denken“. Der Schriftge-

lehrte greift das in seiner Antwort auf, wenn er sagt: „mit ganzem Verstand“. Jesus verdeutlicht eine traditionelle Wahrheit.
Die Liebe zu Gott ist nicht nur eine Angelegenheit des Gefühls, sondern auch des Verstandes. Der ganze Mensch mit seinen Fähigkeiten ist gefragt. Die Liebesfähigkeit darf vor dem Verstand nicht haltmachen. Hier wird jeder reinen Gefühlsreligion eine klare Absage erteilt. Durch die Ergänzung macht Jesus deutlich, daß er auch Herr über die Schrift ist.
Als zweites Gebot kommt die Nächstenliebe hinzu. Endlos könnte man über den Zusammenhang von Gottes- und Nächstenliebe spekulieren. Der Maßstab der Nächstenliebe ist die Selbstliebe. Vor kurzem konnte man als fette Überschrift in der Zeitung lesen: „Fehlende Selbstliebe macht Singles krank.“ Darunter wurde dann ausgeführt: „Fehlende Selbstliebe behindere stets auch die Liebe zu anderen Menschen und mache krank, betonte der Psychologe.“
Es ist schön, wenn ein Psychologe auf der ersten Seite einer großen Tageszeitung das Evangelium bestätigt, auch wenn er es selbst wohl nicht gemerkt hat. Das Gebot der Nächstenliebe hat also auch, ja vor allem mit der psychischen Gesundheit zu tun, für die wiederum Glaube an und Liebe zu Gott äußerst hilfreich sind.

Jesus bietet eine Kurzformel des alttestamentlichen Gesetzes, das von ihm diskret ergänzt wird. Die Liturgie der Kirche bietet uns im Jahreskreis eine liturgische Kurzformel des heutigen Evangeliums: „Heiliger Gott, Du hast uns das Gebot der Liebe zu Dir und zu unserem Nächsten aufgetragen als die Erfüllung des ganzen Gesetzes. Gib uns die Kraft, dieses Gebot treu zu befolgen, damit wir das ewige Leben erlangen.“ Diese Oration geht auf das frühe 7. Jahrhundert (SacrVer) zurück und wurde im Zuge der Liturgiereform neu entdeckt und, nicht unerheblich verändert, als Oration für den 25. Sonntag im Jahreskreis ins Meßbuch übernommen, leider nicht für den heutigen Sonntag, wo sie so gepaßt hätte.

Diese liturgische Kurzformel des heutigen Evangeliums zeigt uns aber präzise, worauf es ankommt: Das Halten der beiden Gebote, um das Ziel des Himmels zu erreichen. Das heutige Evangelium ist kurz und bündig. Es ist eine Gebrauchsanweisung für den Himmel, und jeder kann sie verstehen. Sie überfordert niemanden. Nur halten müssen wir uns daran.

Immer aktuell: Sadduzäer, Engel, Zölibat

Lk 20,27–38

In jener Zeit kamen einige von den Sadduzäern, die die Auferstehung leugnen, zu Jesus und fragten ihn:
Meister, Mose hat uns vorgeschrieben: Wenn ein Mann, der einen Bruder hat, stirbt und eine Frau hinterläßt, ohne Kinder zu haben, dann soll sein Bruder die Frau heiraten und seinem Bruder Nachkommen verschaffen. Nun lebten einmal sieben Brüder. Der erste nahm sich eine Frau, starb aber kinderlos. Da nahm sie der zweite, danach der dritte, und ebenso die anderen bis zum siebten; sie alle hinterließen keine Kinder, als sie starben. Schließlich starb auch die Frau.
Wessen Frau wird sie nun bei der Auferstehung sein? Alle sieben haben sie doch zur Frau gehabt.
Da sagte Jesus zu ihnen: Nur in dieser Welt heiraten die Menschen. Die aber, die Gott für würdig hält, an jener Welt und an der Auferstehung der Toten teilzuhaben, werden dann nicht mehr heiraten. Sie können auch nicht mehr sterben, weil sie den Engeln gleich und durch die Auferstehung zu Söhnen Gottes geworden sind.

Daß aber die Toten auferstehen, hat schon Mose in der Geschichte vom Dornbusch angedeutet, in der er den Herrn den Gott Abrahams, den Gott Isaaks und den Gott Jakobs nennt. Er ist doch kein Gott von Toten, sondern von Lebenden; denn für ihn sind alle lebendig.

Sie wollten sich unbedingt und ausschließlich an die Heilige Schrift halten, und für Heilige Schrift hielten sie nur die Bücher, die ihnen die ältesten schienen. Die mündliche Überlieferung lehnten sie ab, sie glaubten deshalb nicht an die Existenz von Engeln, auch die Lehre von der Auferstehung der Toten und der Unsterblichkeit der Seele wiesen sie als nicht schriftgemäß zurück. Sie waren hochgebildet und standen den geistigen Strömungen ihrer Zeit durchaus aufgeschlossen gegenüber. In der Politik neigten sie im allgemeinen eher zu realistischen Kompromissen. Sie gehörten zur führenden Schicht, waren begüterte Intellektuelle. Sie besetzten die wichtigsten Priesterposten. Die Rede ist nicht von einer führenden Schicht in der Kirche unserer Tage, sondern von einer Gruppe, die zur Zeit Jesu einen bestimmenden Einfluß auf das religiöse Leben in Palästina ausübte: die Sadduzäer.
Nachdem die Pharisäer – ihre großen Gegenspieler im Judentum – Jesus im Streitgespräch

(Lk 20,20–26) nicht festlegen und kompromittieren konnten, versuchen es nun die Sadduzäer. Spöttisch und überlegen konstruieren sie einen absurden Fall, ausgehend von der Levirats- bzw. Schwagerehe (Dtn 25,5ff.), die zur Zeit Jesu wahrscheinlich schon gar nicht mehr praktiziert wurde. Es geht ihnen dabei um den Nachweis, daß diese Vorschrift des Mose, die ja auf das Fortleben der Sippe zielt, mit dem Glauben an die Auferstehung der Toten nicht vereinbar sei. Jesus antwortet ihnen ohne jede Höflichkeitsfloskel, in der Parallelstelle bei Markus (12,24) wirft er ihnen sogar Unkenntnis der heiligen Schriften vor. Hier kommt er gleich souverän zur Sache: Die Auferstehung bedeutet eben nicht Fortsetzung des irdischen Lebens mit anderen Mitteln, sondern etwas ganz Anderes, Neues, „weil sie (die Auferstandenen) den Engeln gleich und durch die Auferstehung zu Söhnen Gottes geworden sind.“ Damit hat Jesus die Frage der Sadduzäer als oberflächlich enttarnt. Er führt aber darüber hinaus noch einen Schriftbeweis für die Auferstehung, und zwar aus dem Teil der Heiligen Schrift, den auch die Sadduzäer anerkannten, dem zweiten Buch Mose, dem Buche Exodus. Er zitiert die Selbstidentifikation Gottes: „Ich bin der Gott deines Vaters, der Gott Abrahams, der Gott Isaaks, der Gott Ja-

kobs“ (Ex 3,6). Wenn es keine Auferstehung gäbe, hätte Gott sich hier als ein Gott der Toten zu erkennen gegeben – eine absurde Vorstellung, denn Gott ist der Gott des Lebens und der Lebenden.
Die Antwort Christi ist auch in der heutigen Zeit noch eine Provokation. Stellt sie doch die Auferstehung des Menschen und sein Fortleben nach dem Tode in einen Zusammenhang mit der Ehelosigkeit und dem Leben der heiligen Engel. Die vorliegende Stelle aus dem Lukasevangelium hat dann auch mit dazu beigetragen, daß in der großen monastischen Tradition der Kirche des Ostens wie auch des Westens das Ordensleben als „vita angelica“, als „engelgleiches Leben“ bezeichnet wurde. Wenn das II. Vatikanische Konzil in seinem Dekret über Dienst und Leben der Priester den Zölibat begründet, geschieht das ganz natürlich in Bezug auf unsere Schriftstelle: „Darüber hinaus sind sie (die Priester) ein lebendiges Zeichen der zukünftigen, schon jetzt in Glaube und Liebe anwesenden Welt, in der die Auferstandenen weder heiraten noch geheiratet werden“ (Presbyterium ordinis, Nr. 16).
Die überzeugend gelebte Ehelosigkeit der Priester und Ordensleute als ein Stück vom Himmel schon hier auf Erden! Eine Provokation für alle

Sadduzäer von heute, denn der Glaube an die Existenz der Engel ist in der Gegenwart genauso umstritten wie der Zölibat.

Das heutige Evangelium aber zeigt einmal mehr, wie scheinbare Randthemen, zum Beispiel Engel und Zölibat, zu zentralen Glaubenswahrheiten führen: Wir müssen uns nur, gegen alle Sadduzäerfragen unserer Zeit, auf die Argumentation Jesu einlassen.

Verzeichnis der Bibelstellen und Sonntage im Jahreskreis

Ludwig Gschwind

Glauben feiern

Weihnachten ohne Christbaum? Ostern ohne Hasen und Eier? Kaum vorstellbar! Ludwig Gschwind führt den Leser auf eine vergnügliche Entdekkungsreise in Kern- und Randbereiche christlicher Bräuche im Jahreslauf und eröffnet manchen neuen Blick auf altbekanntes Brauchtum.

ISBN 3-929246-66-X
Geb., 144 Seiten

Ludwig Gschwind

Das Kreuz

„Das Kreuz ist das wichtigste Kennzeichen des christlichen Glaubens" (Papst Johannes Paul II.). Was bedeutet das Kreuz für das Leben des Christen? Ludwig Gschwind erschließt in kleinen Aufsätzen, die meist in Form von anregenden Geschichten verfaßt sind, das Geheimnis des Kreuzes.

ISBN 3-936484-20-1
Geb., ca. 144 Seiten

SANKT ULRICH VERLAG

David Berger

Thomas von Aquin begegnen

Thomas von Aquin ist der größte Denker des Mittelalters und seine Lehre verbindliche Philosophie und Theologie der katholischen Weltkirche. Der Kirchenvater und „Fürst der Scholastik" hatte eine geniale Verbindung von Vernunft und Glaube, Philosophie und Theologie entworfen, in der Gott im Mittelpunkt steht.

ISBN 3-929246-77-5
Geb., 176 Seiten

Christian Schaller

Papst Pius IX. begegnen

Schaller erläutert die Bedeutung des „Syllabus errorum", der berühmten päpstlichen Verurteilung „moderner Irrtümer", und der Erklärung der päpstlichen Unfehlbarkeit auf dem Ersten Vatikanischen Konzil durch die Einbettung in die Zeitumstände, vor allem der italienischen Einheitsbewegung „Risorgimento" und des Kulturkampfes.

ISBN 3-929246-96-1
Geb., 160 Seiten